Fabienne GALLON

Céline HIMBER

Charlotte RASTELLO

www.hachettefle.fr

Crédits iconographiques

Photononstop : p. 10 gauche : G. Guittot, p. 10 droite : N. Bets, p. 12 : J. Bravo, p. 14 haut : Tips, p. 14 bas gauche : W. Bibikow, p. 14 bas milieu : Tips, p. 14 bas droite : X. Richer, p. 28 haut gauche : R. Mazin, p. 28 haut droite : Tips, p. 28 bas milieu : C. Lusardi, p. 38 : S. Clara, p. 40 : Mauritius, p. 48 : Y. Talensac – **Gamma/Eyedea :** p. 28 bas gauche : Imaz Press Réunion, p. 30 : G. Bassignac – **Libre de droits :** p. 13 photodisc – **D.R.** p. 28 haut milieu : www.archeonavale.org/Tromelin M. Guéroud

Couverture : Jean-Louis Menou
Maquette et mise en page : Valérie Goussot
Préparation de copie : Vanessa Colnot
Illustrations : Nathalie Lemaire
Iconographie : Valérie Goussot

Nous avons fait tout notre possible pour obtenir les autorisations de reproduction des textes et documents publiés dans cet ouvrage. Dans le cas où des omissions ou des erreurs se seraient glissées dans nos références, nous y remédierons dans les éditions à venir. Dans certains cas, en l'absence de réponses des ayants droit, la mention DR a été retenue. Leurs droits sont réservés aux éditions Hachette.

© HACHETTE LIVRE 2007, 43, quai de Grenelle, F 75905 Paris cedex 15
ISBN 978-2-01-155464-2

Tous droits de traduction, de reproduction et d'adaptation réservés pour tous pays.

Le Code de la propriété intellectuelle n'autorisant, aux termes des articles L. 122-4 et L. 122-5, d'une part, que les « copies ou reproductions strictement réservées à l'usage privé du copiste et non destinées à une utilisation collective », et, d'autre part, que les « analyses et les courtes citations » dans un but d'exemple et d'illustration, « toute représentation ou reproduction intégrale ou partielle, faite sans le consentement de l'auteur ou de ses ayants droit ou ayants cause, est illicite ».

Cette représentation ou reproduction, par quelque procédé que ce soit, sans autorisation de l'éditeur ou du Centre français de l'exploitation du droit de copie (20, rue des Grands-Augustins 75006 Paris), constituerait donc une contrefaçon sanctionnée par les articles 425 et suivants du Code pénal.

SOMMAIRE

Escale 0 : **LE GRAND DÉPART !** 4

Escale 1 : **CAP SUR LE MAROC !** 8

Escale 2 : **BIENVENUE AU SÉNÉGAL** 16

Autoévaluation des escales 0, 1 et 2 24

Escale 3 : **DISCUSSION À LA RÉUNION** 26

Escale 4 : **RETROUVAILLES À NOUMÉA** 34

Autoévaluation des escales 3 et 4 42

Escale 5 : **SENSATIONS FORTES EN GUYANE** 44

Escale 6 : **DERNIÈRE ESCALE AU QUÉBEC** 52

Autoévaluation des escales 5 et 6 60

Corrigés des autoévaluations 63

LE GRAND DÉPART !

1 Tu te rappelles les différents membres de l'équipe ?
Associe chaque personnage à sa/ses passion(s).

Emma   Julie
Maxime   Étienne
Lucas

1. Le dessin
2. La mode
3. La photographie
4. *La lutte contre les injustices*
5. Le cinéma
6. La musique ethnique
7. La lecture
8. L'informatique
9. Les sports d'aventure
10. Les jeux vidéo

Emma : . . . . , ...
Julie : 4 , ... , ...
Maxime : . . . .
Étienne : . . . . , ...
Lucas : . . . . , ...

2a Classe les adjectifs suivants dans le tableau.
aimable – amusant – autoritaire – discret – exigeant – froid – gai – gentil – impatient – incapable – intelligent – juste – naïf – ouvert – responsable – sérieux – sociable – sympathique

Adjectifs positifs	Adjectifs négatifs
. . . . , ... ,	. . . . , ... ,
. . . . , ... ,	. . . . , ... ,
. . . . , ... ,	. . . . , ... ,
. . . . , ... ,	
. . . . , ... ,	

2b Comment imagines-tu Marc ? Souligne les adjectifs qui peuvent, à ton avis, le décrire.

3 Place les phrases dans les bulles.
1. C'est une mauvaise blague ou quoi ?
2. Ce sont des choses qui arrivent !
3. Ça commence bien !
4. Je vais annoncer la nouvelle à mon mari !
5. Ne vous inquiétez pas !
6. Comment tu t'es fait ça ?
7. Et tu en as pour combien de temps ?
8. Non, je t'assure !

a.

b.

ESCALE 0

c.

d.

4 Replace les répliques suivantes dans le dialogue.

a. Quand est-ce que c'est arrivé ?

b. Et tu en as pour combien de temps ?

c. J'ai une mauvaise nouvelle à t'annoncer

d. Eh oui, ce sont des choses qui arrivent !

e. Non, non je t'assure, c'est vrai !

f. Je peux venir te voir ?

g. Non, je suis encore à l'hôpital !

h. Mais comment tu t'es fait ça ?

CORALIE. – Allô, Yassine ?

YASSINE. – Salut Coralie ! Ça va ? Pourquoi tu n'es pas venue en cours, ces jours-ci ?

CORALIE. – . . . . : je ne pourrai pas partir en semaine de découverte avec vous…

YASSINE. – C'est une mauvaise blague, ou quoi ?

CORALIE. – . . . . Je me suis cassé une jambe et un bras !

YASSINE. – Non, ce n'est pas vrai !? . . . .

CORALIE. – Avant-hier !

YASSINE. – . . . .

CORALIE. – Je suis tombée de vélo ! Tout bêtement !

YASSINE. – Mais tu es chez toi ?

CORALIE. – . . . .

YASSINE. – . . . .

CORALIE. – Six semaines !

YASSINE. – C'est malin ! Juste avant de partir en voyage avec le collège !

CORALIE. – . . . .

YASSINE. – Bon… ! . . . .

CORALIE. – Si tu veux. Je ne bouge pas d'ici !!

LE GRAND DÉPART !

1 Complète la grille grâce aux définitions.

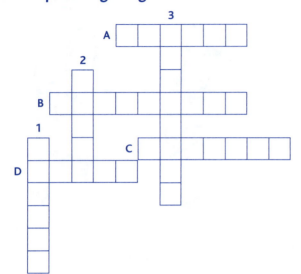

1. chambre dans un bateau
2. premier pays visité par l'équipe
3. ensemble du personnel qui travaille sur un bateau

A. nom du bateau sur lequel l'équipe va voyager
B. port de départ
C. sacs, valises... que l'on emporte en voyage
D. instrument qui sert à retenir le navire

2 Remets les phrases du journal de bord de Julie dans l'ordre.

a. Nous faisons nos adieux à nos parents et amis.
b. Visite du bateau.
c. Présentation de l'équipage aux passagers.
d. Chacun installe ses affaires dans sa cabine.
e. Arrivée sur le port de Marseille.
f. Ma valise est bouclée !
g. On lève l'ancre !
h. L'équipage fait les dernières vérifications.

→ . . . – . . . – . . . – . . . – . . . – a – . . .

3a Associe les pays ou régions francophones à leur capitale.

1. La Guyane   a. Cayenne
2. Le Maroc   b. Dakar
3. La Nouvelle-Calédonie c. Nouméa
4. Le Québec   d. Rabat
5. La Réunion   e. Québec
6. Le Sénégal   f. Saint-Denis

3b Associe les drapeaux aux pays ou régions précédents.

A.

B.

C.

D.

Drapeaux	A	B	C	D
Pays ou régions	. . . / . . . / . . .	. . .	. . .	. . .

4 Blogmania !

Qu'est-ce qu'un blog ?

Un blog est un type de site web, souvent un journal personnel, composé de textes, d'images téléchargées ou scannées, de liens vers d'autres sites (les liens hypertextes) et sur lesquels les lecteurs peuvent réagir.

Ces dernières années, ce nouveau moyen de communication a explosé. Des millions de jeunes, partout dans le monde, ont attrapé le virus de la blogmania ! Selon une enquête récente, trois jeunes sur dix, âgés de 11 à 20 ans, ont déjà créé un blog. Chaque seconde, plus de 30 000 nouveaux blogs apparaissent dans le monde.

Pour créer son blog, rien de plus simple : il faut choisir une plateforme d'hébergement gratuite, remplir un formulaire d'enregistrement, choisir un mot de passe et un pseudo, et voilà !

Avec un blog, on peut partager ses passions, échanger des points de vue avec d'autres personnes du bout du monde, discuter avec eux en ligne… et peut-être se faire de nouveaux amis ? Mais attention, on ne peut pas tout mettre sur un blog : le blogueur est responsable du contenu de son blog !

a Lis le texte et réponds aux questions.

1. Qu'est-ce que la blogmania ?
....

2. Est-il difficile de créer un blog ? Que faut-il faire ?
....

3. Que peut-on faire avec un blog ?
....

b Et toi ?

1. Consultes-tu des blogs ? Sur quels sujets ? ....

2. As-tu un blog ? Si oui, de quoi parles-tu dans ton blog ? ....

3. Si non, aimerais-tu en créer un ? Pourquoi ? ....

CAP SUR LE MAROC !

Communique

1a Reformule les phrases avec les expressions suivantes.

Il vaut mieux – Tu m'épates ! – ne t'en va pas ! – Si c'est comme ça – Heureusement que/qu' – Ça doit être

a. <u>Dans ces conditions,</u> moi, je rentre chez moi ! → ...., moi, je rentre chez moi !
b. <u>Il est préférable de</u> ne pas se séparer ! → ....
c. Tu sais vraiment tout faire ! <u>Tu m'impressionnes !</u> → ....
d. <u>Quelle chance qu'</u>elle parle français couramment ! → ....
e. S'il te plaît, <u>reste !</u> → ....
f. <u>C'est certainement</u> Emma qui a fait ce dessin ! → ....

1b Utilise des expressions de l'exercice 1a pour compléter les bulles.

a.

b.

c.

d.

Grammaire

Les pronoms relatifs *qui, que, où, dont*

2a Observe les compléments soulignés et associe.

a. Un jour, nous étions vraiment fatigués. Nous avons fait plein de visites <u>ce jour-là</u> !
b. Regarde cette maison ! La porte <u>de cette maison</u> est verte.
c. Les dessins au henné, c'est une tradition. Les Marocaines suivent <u>cette tradition</u>.
d. Les jeunes naviguent en direction du Maroc. Ils vont faire leur première escale <u>au Maroc</u>.
e. Regardez bien ce monument. Je vous ai parlé <u>de ce monument</u>.
f. Au Maroc, j'ai fait des dessins. Je suis très fière <u>de mes dessins</u>.

1. complément de lieu
2. complément du nom
3. complément d'objet direct
4. complément de temps
5. complément du verbe + *de*
6. complément de l'adjectif

ESCALE 1

2b Réécris les phrases de l'exercice 2a en utilisant *que, où* et *dont*.

a. *Nous étions vraiment fatigués le jour où nous avons fait plein de visites.*

b. . . . .

c. . . . .

d. . . . .

e. . . . .

f. . . . .

3 Observe ces informations sur le Maroc et complète les phrases.

> Le Maroc fait partie du Maghreb. On y trouve des paysages océaniques et montagneux. Les peuples du Maroc sont de différentes origines : berbère et arabe notamment.

a. Le Maroc est un pays

    qui . . . .

    où . . . .

    dont . . . .

> Les médinas sont les quartiers centres des villes du Maroc. Les boutiques des médinas sont très colorées ; on peut y acheter des épices et des vêtements typiques.

b. Les médinas sont les quartiers centres des villes du Maroc

    dont . . . .

    où . . . .

> Le henné est une teinture utilisée par les femmes pour colorer leurs cheveux ou décorer leurs mains. Le henné plaît beaucoup aux jeunes filles européennes aussi !

c. Le henné est une teinture

    que . . . .

    qui . . . .

4 Complète les définitions avec *qui, que, qu', où, dont* et trouve de quoi il s'agit.

a. C'est un pays . . . . . . fait partie du Maghreb et . . . . . . les montagnes sont très connues pour faire du ski.

    ➜ . . . .

b. Ce sont des condiments . . . . . . les couleurs sont souvent vives et . . . . . . on met dans les plats pour leur donner plus de goût. ➜ . . . .

c. C'est un océan . . . . . . on peut pratiquer le surf et . . . . . . borde une partie de l'Europe et de l'Afrique.

    ➜ . . . .

d. Ce sont des chaussures . . . . . . la forme est très particulière et . . . . . . on trouve sur les marchés marocains.

    ➜ . . . .

e. C'est une langue . . . . . . l'écriture est différente du français, ... est à l'origine du « zéro » en mathématiques et . . . . . . on parle dans les pays du Maghreb. ➜ . . . .

Mes mots

Mots d'ici et d'ailleurs

5 Retrouve les lettres manquantes de ces mots provenant de différentes origines.

Origine amérindienne	Origine japonaise	Origine espagnole	Origine anglaise	Origine arabe
ch◆c◆lat	k◆r◆oké	an◆nas	sp◆rt	dj◆ll◆ba
m◆ïs	ju◆o	gu◆t◆re	b◆s	b◆b◆◆che
t◆mat◆		v◆nill◆	f◆◆tba◆◆	he◆◆é
p◆tat◆				

CAP SUR LE MAROC !

Communique

1a Associe les équivalents.

a. à +
b. ce n'est pas pareil
c. en PJ (pièce jointe)
d. de la part de
e. je pense très fort à toi
f. tu me manques beaucoup
g. j'espère

1. je ne t'oublie pas
2. je suis triste sans toi
3. en document attaché
4. à plus tard / à bientôt
5. c'est différent / ce n'est pas la même chose
6. je souhaite
7. qui vient de

1b Complète le mél avec les expressions a à g de l'exercice 1a.

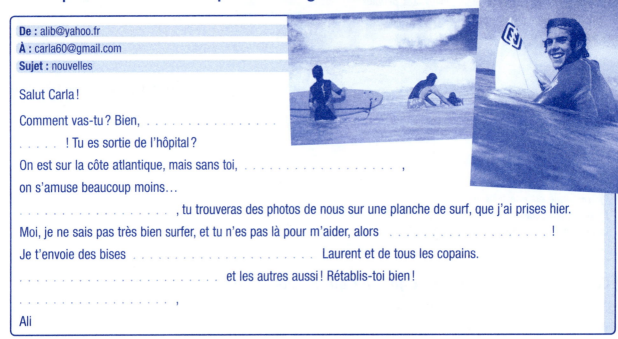

De : alib@yahoo.fr
À : carla60@gmail.com
Sujet : nouvelles

Salut Carla !

Comment vas-tu ? Bien, ... ! Tu es sortie de l'hôpital ?

On est sur la côte atlantique, mais sans toi, ..., on s'amuse beaucoup moins…

.................., tu trouveras des photos de nous sur une planche de surf, que j'ai prises hier.

Moi, je ne sais pas très bien surfer, et tu n'es pas là pour m'aider, alors .... !

Je t'envoie des bises .... Laurent et de tous les copains.

.... et les autres aussi ! Rétablis-toi bien !

.... ,
Ali

Grammaire

Les adjectifs indéfinis

2 Complète avec *tout, toute, tous* et *toutes*.

a. ...... le monde est là ?
b. ...... la matinée sera consacrée à la visite du musée.
c. ...... ses amis lui écrivent régulièrement.
d. ...... les habitants de cette région parlent arabe.
e. ...... les fois que tu en as envie, tu peux me téléphoner.
f. ...... ses économies sont parties dans sa planche de surf !
g. ...... ce temps perdu pour ça !

3 Complète avec *d'autres, un(e) autre, l'autre, les autres*.

a. Elle voudrait essayer .... pantalon, car celui-là ne lui va pas.
b. Tu n'as pas .... biscuits ? Je n'aime pas ceux-là !
c. Je pourrais avoir .... feuille de papier, s'il vous plaît ?
d. Prends .... cartons qui sont ici, ceux-ci sont trop lourds !
e. Le lundi et le mardi, nous étudions, mais .... jours de la semaine, c'est pour les visites !
f. J'ai raté le début du film, mais ce n'est pas grave : il y a .... séances à 18 h et à 20 h.

ESCALE 1

4a Associe.

a. <u>Certains jours</u>, nous sommes très fatigués avec toutes ces visites.
b. Nous faisons escale <u>plusieurs jours</u> au Maroc.
c. Dans <u>quelques jours</u>, nous serons au Sénégal.

1. peu de jours
2. plus d'un jour
3. des jours en particulier

4b Complète avec *plusieurs*, *certain(e)s* ou *quelques*.

a. .... adolescents pensent que partir un an sans sa famille, c'est trop long. Mais pas moi !
b. Je fais du sport .... fois par semaine : le lundi, le mercredi et le samedi.
c. Dans .... pays, en Suisse par exemple, il y a .... langues officielles.
d. Cette jupe existe en .... couleurs : rouge, marron et rose.
e. J'ai visité .... pays étrangers, mais pas beaucoup.
f. .... soirs, nous allons manger dans des restaurants typiques.

Mes mots

Registres standard et familier

5 Reformule les conversations de manière familière avec les mots suivants.

Ouais – À plus – pas mal – génial – un truc – plein de – c'est quoi – infos – salut – docs

a. → .... → ....

b. → .... → ....

c. → .... → ....

11
onze

CAP SUR LE MAROC ! Compréhension écrite

Un vélo pour elle

Dans la province de Tiznit, région du sud du Maroc, deux cents jeunes filles, issues de familles défavorisées, ont reçu des vélos pour poursuivre leur scolarité dans de meilleures conditions. Cette opération, baptisée « Un vélo pour elle », est menée par l'association « Juste pour eux ». Objectif : lutter contre l'abandon scolaire au moment de l'entrée au collège, un grand problème dont souffrent les zones rurales.

En effet, dans ces régions du pays, le collège se situe souvent à 4 ou 5 km du domicile. Les collégiennes font parfois quatre fois le trajet dans la journée, soit plusieurs heures de marche car souvent, il n'existe pas de transport scolaire. À cause de cette situation, beaucoup de filles abandonnent leurs études.

Cette opération sera suivie de la mise en place d'ateliers pour former les filles à la réparation des petites pannes et les rendre ainsi autonomes. De plus, on mettra à disposition des adolescentes des terrains de sport pour leur apprendre à conduire les vélos.

D'après Khadija Skalli, *Aujourd'hui le Maroc*.

1 Choisis la bonne réponse.

a. Ce texte t'informe sur...
☐ l'histoire d'une fille qui fait du vélo dans le sud du Maroc.
☐ un projet humanitaire pour aider les jeunes filles défavorisées dans le sud du Maroc.
☐ une nouvelle manière de faire du tourisme au Maroc.

b. L'association « Juste pour eux » veut...
☐ aider les filles à faire du sport.   ☐ former des filles à la mécanique.
☐ aider des adolescentes à aller plus facilement au collège.

c. Dans cette région du Maroc, le problème est que...
☐ trop de filles abandonnent l'école.   ☐ les filles ne savent pas faire du vélo.   ☐ il n'y a pas de collège.

2 Complète les phrases.

a. On a créé le projet « Un vélo pour elle » parce que dans ces régions le collège .... et parce qu'il n' ....

b. Avec ce projet, les filles vont aussi apprendre à .... et à ....

3 Retrouve, dans le texte, les mots pour dire :

a. qui viennent de ➜ ....
b. pauvres ➜ ....
c. continuer ➜ ....
d. leurs études ➜ leur ....
e. appelée ➜ ....
f. la campagne ➜ les ....
g. la maison ➜ le ....
h. c'est-à-dire ➜ ....
i. le voyage ➜ ....
j. la création ➜ ....
k. des problèmes de fonctionnement ➜ ....
l. indépendantes ➜ ....

4a Observe les différents paragraphes du texte et associe.

Paragraphe 1   a. Explication des causes à l'origine du projet
Paragraphe 2   b. Informations supplémentaires sur le projet
Paragraphe 3   c. Présentation du projet

4b À l'aide du texte, retrouve ce qu'expriment les connecteurs logiques.

a. en effet   1. introduire une idée supplémentaire
b. à cause de   sert à...   2. introduire une cause
c. de plus   3. donner une explication

ESCALE 1

Stratégies d'apprentissage

Organiser un texte

1 Quand tu écris un texte, comment procèdes-tu ?
- ☐ a. Tu écris ton texte directement au propre.
- ☐ b. Tu écris ton texte au brouillon, tu corriges les erreurs, puis tu le recopies.
- ☐ c. Tu écris quelques idées en vrac, puis tu écris ton texte.
- ☐ d. Tu fais un plan, puis tu écris ton texte.

→ *À ton avis, quelles techniques te paraissent les plus efficaces ?* . . . .

Exemple de plan :
1. *Présentation du problème*
   a. *origines / causes*
   b. *conséquences*
2. *Solutions proposées*
   a. *solution 1*
   b. *solution 2*

2 Comment fais-tu pour présenter et structurer ton texte ?
- ☐ a. Tu écris tout à la suite sans sauter de lignes.
- ☐ b. Tu fais des paragraphes séparés pour chaque idée.
- ☐ c. Tu choisis des connecteurs logiques pour introduire chaque idée.

→ *À ton avis, quelles techniques sont nécessaires pour écrire un texte clair ?* . . . .

3 Connais-tu ces connecteurs logiques ? Associe.

a. pour commencer
b. pour expliquer, donner un exemple
c. pour ajouter des idées
d. pour terminer

| premièrement | enfin | finalement | par exemple |
| de plus | en effet | d'abord | par ailleurs |

Production écrite

Lis le projet suivant et, sur une feuille séparée, écris un texte pour le présenter (60 mots). Organise ton texte selon le plan indiqué :

- **Organisme :** la ville de Lyon
- **Nom du projet :** *vélo'v*
- **Objectif :** permettre aux habitants de la ville de circuler à vélo presque gratuitement
- **Causes :** trop de pollution dans la ville et problèmes de circulation
- **Autres actions :** installer de plus en plus de *vélo'v* chaque année et construire plus de pistes cyclables

Paragraphe 1 : présentation du projet.
→ *La ville de Lyon …*

Paragraphe 2 : explication des causes à l'origine du projet.
→ *En effet, … / À cause de cette situation …*

Paragraphe 3 : autres actions.
→ *De plus, …*

CAP SUR LE MAROC ! RÉVISE ta GRAMMAIRE

Les pronoms relatifs *qui, que/qu', où, dont*

1 Complète avec un pronom relatif.
- a. Vous avez vu la carte postale .... m'ont envoyée mes copains ?
- b. Je ne connais pas le garçon .... tu me parles.
- c. Tu as déjà habité dans une ville .... il fait beau toute l'année ?
- d. Je n'aime pas du tout le livre .... il est en train de lire.
- e. Voici les photos des paysages .... m'ont le plus impressionné.
- f. C'est une ville .... j'ai oublié le nom.

2 Associe.
- a. L'Atlas est une chaîne de montagne qui ...
- b. L'Atlas est une chaîne de montagne où ...
- c. Montréal est une ville où ...
- d. Montréal est une ville que ...
- e. Genève est une ville dont ...
- f. Genève est une ville qui ...
- g. Bruxelles est une ville dont ...
- h. Bruxelles est une ville que ...

1. ... il y a des passages souterrains !
2. ... se trouve au Maroc.
3. ... on peut faire du ski.
4. ... les organisations internationales sont très connues.
5. ... la statue la plus célèbre est le Manneken Pis.
6. ... est située au bord du Lac Léman.
7. ... le fleuve Saint-Laurent traverse.
8. ... le TGV relie à Paris en 1 h 30.

Genève

Montréal — Bruxelles — L'Atlas

Les adjectifs indéfinis

3 Entoure le mot correct.
- a. **Chaque / tous / tout** matin, nous devons participer aux travaux sur le bateau.
- b. Je pense à toi **toutes les / tous les / tout le** jours.
- c. **Tous les / Tout le / Chaque** monde est déjà parti !
- d. Vous avez fait des visites **toute la / tout le / toute** journée ?
- e. Il y a de jolies choses à voir dans **toutes / toutes les / chaque** villes du monde !
- f. À **toutes / toute / chaque** fois que tu m'écris, tu oublies de m'envoyer ton adresse !

4 Complète avec *chaque, tous, tout(e)(s), certain(e)(s), plusieurs, quelques, autre(s)*. (Attention, il peut y avoir plusieurs possibilités !)
- a. Est-ce que .... l'équipe est là ? On peut commencer ?
- b. .... jours, quand je suis seul, ma famille me manque beaucoup.
- c. Vous n'auriez pas une .... idée de sortie ? Celle-ci ne me plaît pas.
- d. Dans .... jours, nous serons en route pour de nouvelles aventures !
- e. Vous avez rassemblé .... vos affaires ? Vous n'avez rien oublié ?
- f. Nous découvrons des choses incroyables à .... escale !
- g. Dans cette ville, il y a .... monuments que je voudrais visiter.
- h. Vous avez vu .... ces dessins au henné ? Ils sont vraiment jolis !

Fais le point

ESCALE 1

Évalue tes connaissances et compte tes points !

1 Complète les phrases avec des informations de ton choix.

a. Il y a des jours où ....

b. Dans ma famille, il y a des personnes dont ....

c. Le sport que ....

d. J'adore les gens qui ....

e. Je déteste les célébrités dont ....

1 point par phrase

/5

2 Fais quatre phrases pour décrire ton pays.

J'habite au / en / aux .... C'est un pays

– où ....

– que ....

– qui ....

– dont ....

1 point par phrase

/4

3 Dis ce que tu fais / ne fais pas...

a. tous les soirs : ....

b. certains matins : ....

c. avant chaque repas : ....

d. plusieurs fois par jour : ....

e. quelques minutes par jour : ....

1 point par phrase

/5

4 Associe les réponses aux questions.

a. Tu as mangé tout le gâteau ?

b. Il va au foot tous les lundis ?

c. Tu as aimé tous les livres que je t'ai prêtés ?

d. Tu y vas tout seul ?

e. Toutes tes amies viennent à la fête ?

f. Tout le monde est parti ?

1. Non, nous sommes plusieurs personnes.

2. Non, seulement certaines copines d'école, et quelques copines de la MJ.

3. Non, seulement le premier de chaque mois.

4. Non, quelques personnes seulement.

5. Non, pas les romans de science-fiction.

6. Non, seulement quelques parts.

1 point par phrase

/6

5 Compte tes points !

Résultats

< 12/20 ☹ ► À revoir !

Entre 13/20 et 16/20 ☺ ► Bien, mais observe tes erreurs !

> 17/20 ☺☺ ► Très bien !

Prêt(e) pour l'escale suivante !

total :

/20

Portfolio

Fais le point sur tes connaissances !

Maintenant, je sais...	Oui	Un peu	Non
• présenter une ville	☐	☐	☐
• éviter les répétitions grâce aux pronoms relatifs	☐	☐	☐
• écrire et répondre à un mél	☐	☐	☐
• nuancer mes propos avec des adjectifs indéfinis	☐	☐	☐
Je connais...			
• un extrait de *Voleurs d'écriture* d'Azouz Begag	☐	☐	☐
• le Maghreb	☐	☐	☐

BIENVENUE AU SÉNÉGAL

Communique

1a Replace les phrases dans l'ordre chronologique.

a. Toute la famille a alors déménagé et s'est installée à Sarlat. Nous n'étions pas très contents de quitter nos copains…
b. *Nous avons quitté notre ville à cause du travail de mon père.*
c. il est aujourd'hui magnifique et il attire beaucoup de touristes.
d. Il a fallu beaucoup de travail pour rénover le château, mais grâce au travail de mes parents et d'une équipe super qu'on avait engagée sur place,
e. Toute la famille est finalement très contente de sa nouvelle vie.
f. Un jour, il a vu un vieux château à vendre dans le Périgord, il a donc décidé de l'acheter et de réaliser son rêve.
g. Il travaillait dans un restaurant à Tours mais il avait toujours rêvé d'avoir un hôtel.

➔ b – . . . – . . . – . . . – . . . – . . . – . . .

1b Associe une phrase à chaque image.

a. Phrase . . .

b. Phrase . . .

c. Phrase . . .

Grammaire

Le plus-que-parfait

2a Martin raconte son voyage au Sénégal avec sa famille. Classe les phrases dans la colonne qui convient.

a. *Nous avons rencontré des gens très sympas.*
b. Nous sommes allés dans des hôtels charmants.
c. Nous avions consulté beaucoup de sites Internet.
d. Nous avons pris le bateau plusieurs fois.
e. Nous avions réservé les premières nuits d'hôtel.
f. Nous nous étions bien organisés.
g. Nous nous sommes promenés dans des lieux magnifiques.
h. Nous n'avions jamais pris l'avion.

Avant le voyage	Pendant le voyage
. . . – . . .	a – . . . – . . .

2b À quel temps sont conjugués les verbes ?

de la première colonne : . . . . / de la deuxième colonne : . . . .

3 Choisis l'auxiliaire qui convient et conjugue les verbes au plus-que-parfait. Attention à l'accord du participe passé !

a. Nous . . . . (voyager) pendant 15 heures et quand nous sommes arrivés, tous les hôtels étaient complets !
b. Elle . . . . (s'installer) à Paris mais elle a trouvé du travail à Strasbourg ; elle a donc déménagé.
c. Vous . . . . (déjà entendre) parler de cet hôtel avant d'arriver à Palmarin ?
d. Quand ils sont revenus au Sénégal, Seydou et Khady en . . . . (partir) depuis plus de cinq ans.

4a Passé composé ou plus-que-parfait ?

a. Quand il **est arrivé** à l'aéroport (action 1), sa famille **s'est précipitée** vers lui (action 2).
➔ action 1 = passé composé / action 2 = ...
b. Une fois à la maison, il **s'est rendu** compte (action 2), qu'il **avait oublié** (action 1) ses valises !
➔ action 1 = ... / action 2 = passé composé

ESCALE 2

4b Détermine l'ordre des actions et conjugue les verbes au temps qui convient.

a. On . . . . (téléphoner) *(action . . .)* à Seydou et Khady avant d'aller les voir, alors ils nous
ont très bien accueillis. *(action . . .)*

b. Quand tu m'as montré le blog de l'Océane *(action . . .)*, je n' . . . . (jamais entendre) parler
du concours Francovision. *(action . . .)*

c. Elles ont visité Dakar *(action . . .)*, puis elles . . . . (aller) en Casamance. *(action . . .)*

d. Est-ce que vous avez visité *(action . . .)* les endroits dont nous vous . . . . (parler) avant votre départ ? *(action . . .)*

5 Conjugue les verbes à l'imparfait, au plus-que-parfait ou au passé composé.

Salut Sohane !
Je viens de rentrer de vacances, c' . . . . (être) GÉNIAL ! Avant de partir, je . . . . (ne pas
avoir) très envie d'y aller, mais en fait, je . . . . (s'amuser beaucoup). Mon père et moi, on . . . .
(emporter) nos planches de surf, alors on . . . . (passer) beaucoup de temps à la plage. Ma mère et
ma sœur . . . . (lire) plein de guides avant d'arriver alors elles . . . . (faire) du tourisme
et . . . . (se promener) dans les environs, mais nous, en général, on . . . . (préférer)
rester à la plage de l'hôtel plutôt que de faire des visites. Les vagues là-bas . . . . (être) énormes,
je n'en . . . . (jamais voir) de si grosses avant ! On m'en . . . . (parler) mais je
. . . . (ne pas imaginer) que ça serait si impressionnant !
Je t'envoie deux photos en pièce jointe et, si tu veux, passe chez moi demain après-midi pour que je te raconte !
A +
Hugo

Lexique

La cause et la conséquence

**6 Observe les illustrations et fais des phrases au passé en utilisant les expressions suivantes
(utilise chaque expression seulement UNE fois).**

à cause de – grâce à – parce que – alors – donc

a. (devoir rester à la maison)
*Elle a dû rester à la maison à cause de
sa jambe cassée. / Elle s'est cassé la
jambe, elle a donc dû rester à la maison.*

b. (faire le tour du monde)
Ils . . . .

c. (découvrir cet hôtel)
Il . . . .

d. (ne pas pouvoir
voir le film)
Elles . . . .

e. (dormir dans
la voiture)
Ils . . . .

BIENVENUE AU SÉNÉGAL

ORAL

Communique

1 Complète les bulles avec les phrases suivantes.

1. Non ?!?!   2. C'est vraiment mystérieux...   3. J'ai eu la peur de ma vie !   4. Ça y est !

a.   b.   c.   d.

Grammaire

Le passif

2 Indique si les phrases sont à la forme active (A) ou passive (P). À quel temps sont conjugués les verbes ?

a. Vous serez contactés dans une semaine. . . . . →
b. La presse locale vient de contacter l'équipe. . . . . →
c. Les journalistes ont publié un article sur l'Océane. . . . . →
d. Un article est publié sur le blog. . . . →
e. On nous avait posé beaucoup de questions pendant l'interview. . . . . →
f. Quelles questions vous ont été posées ? . . . →

3a Souligne le COD, puis transforme les phrases à la forme passive.

a. Seydou et Khady invitent toute l'équipe à dormir à Palmarin.
→ Toute l'équipe . . . .
b. Un chien nous a attaqués !
→ . . . .
c. Quelqu'un posera cette question pendant l'interview de demain.
→ . . . .
d. Tous les élèves avaient lu le livre avant l'examen.
→ . . . .
e. On ne va pas réparer le taxi-brousse avant ce soir.
→ . . . .

ESCALE 2

3b Quelles phrases à la forme passive n'ont pas de complément d'agent ? Pourquoi ?

4 Fais une phrase à la forme passive pour décrire chaque situation. Utilise le temps indiqué.

 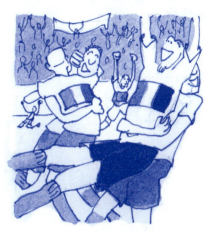 

a. (interviewer – futur simple)   **b.** (gagner - passé composé)   **c.** (découvrir - passé récent)
La star ....   Le match ....   Un nouveau site préhistorique ...

Lexique

Mots d'origine africaine

5 Retrouve dans la grille les mots correspondant à chaque définition.

V	N	È	O	P	J	M	A	O	D	P	I
A	N	P	U	N	K	A	P	E	C	A	I
T	A	X	I	-	B	R	O	U	S	S	E
D	E	T	P	I	M	A	R	I	N	P	M
F	U	G	X	Q	É	B	O	U	B	O	U
T	U	P	H	A	C	O	C	H	È	R	E
Z	C	A	I	L	O	U	H	J	I	P	S
M	É	G	A	L	I	T	H	E	S	I	L

a. C'est une robe colorée qui est portée par les femmes et les hommes au Sénégal.
→ ....

b. C'est un véhicule qui est utilisé pour voyager en petit groupes.
→ ....

c. C'est un animal de la famille du cochon qu'il ne faut pas provoquer si on ne veut pas être attaqué !
→ ....

d. C'est un homme qui est très respecté pour ses connaissances et ses pouvoirs.
→ ....

e. Ce sont des blocs de pierre qui, au Sénégal, sont disposés en cercles.
→ ....

BIENVENUE AU SÉNÉGAL — Compréhension écrite

Extrait de l'hymne national du Sénégal
Écrit par Léopold Sédar Senghor

[...]
Debout frères voici l'Afrique rassemblée
Fibres de mon cœur vert épaule contre épaule
Mes plus que frères. Ô Sénégalais, debout!
Unissons la mer et les sources, unissons
La steppe et la forêt. Salut Afrique mère.

Sénégal, toi le fils de l'**écume** du lion,
Toi surgi de la nuit au galop des chevaux,
Rends-nous, oh! rends-nous l'honneur de nos Ancêtres
Splendides comme l'ébène* et forts comme le muscle!
Nous disons droits – l'épée n'a pas une bavure.
[...]

*ébène : bois noir d'Afrique.

ÉCUME [ekym] n. f.
• *escume* v. 1160 ; probablt du germ. °*skum-*
1 ◆ Mousse blanchâtre se formant à la surface d'un liquide agité, chauffé ou en fermentation. *L'écume des vagues. L'écume d'un pot-au-feu.* ➤ **spumescent, spumeux**.
2 ◆ Bave mousseuse de certains animaux.
3 ◆ Mousse blanchâtre s'amassant sur le corps d'un cheval ou d'un taureau en sueur. *Cheval couvert d'écume.*

---

1 Lis le texte et choisis la/les réponse(s) correcte(s).

a. Ce texte est un extrait de...
1. poème
2. chanson
3. conte

b. L'auteur s'adresse...
1. à ses frères
2. à sa mère
3. aux Sénégalais

2 Associe les mots ou expressions équivalents.

a. unir *(unissons)*
b. une source
c. la steppe
d. surgir *(surgi)*
e. le galop
f. splendides
g. une bavure

1. magnifiques
2. la course
3. une plaine aride
4. une marque irrégulière
5. apparaître brusquement
6. la naissance d'une rivière
7. rassembler

3 Souligne, dans le texte, les mots ou les expressions se rapportant à la fraternité et à l'unité. Entoure ceux se rapportant à l'honneur et à la fierté.

4 Quelle définition du dictionnaire correspond au sens d'*écume* dans le contexte du texte ? Entoure-la.

5 Observe l'extrait de dictionnaire.

Dans quel ordre sont données ces informations sur le mot ? Numérote-les.

. . . la/les définition(s)
. . . la transcription phonétique
. . . la catégorie grammaticale
. . . l'orthographe
. . . l'origine
. . . le genre (masculin ou féminin)
. . . un ou des synonyme(s)

20
vingt

ESCALE 2

6a Dans la définition donnée par le dictionnaire, que signifient les lettres situées après le mot ?

n. f. : . . . .

6b Retrouve le sens des abréviations suivantes :

a. n. m. : . . . .   **d.** adv. : . . . .

b. v. : . . . .   **e.** prép. : . . . .

c. adj. : . . . .   **f.** pron. : . . . .

7 Quelle définition correspond à *écume* dans chacune de ces phrases ?

a. De l'*écume* se formait aux lèvres du prisonnier en colère. ➜ Définition . . .
b. Le bateau laissait derrière lui une traînée d'*écume*. ➜ Définition . . .

Stratégies d'apprentissage

Trouver le sens d'un mot

1 Que fais-tu quand tu ne comprends pas un mot en français ?

☐ J'essaie de comprendre son sens grâce au contexte.
☐ Je cherche son sens dans un dictionnaire.
☐ Je demande à quelqu'un de me l'expliquer.
☐ Je cherche sa traduction dans un dictionnaire.
☐ ...

2 Pour quelles raisons utilise-t-on un dictionnaire ?

☐ pour connaître le sens d'un mot.
☐ pour connaître la prononciation d'un mot.
☐ pour connaître le genre d'un mot.
☐ pour connaître les synonymes d'un mot.
☐ pour connaître la catégorie grammaticale d'un mot.
☐ pour connaître l'origine d'un mot.
☐ pour connaître la conjugaison d'un verbe.
☐ ...

3 Quels autres supports utilises-tu pour chercher le sens d'un mot ?

☐ une encyclopédie
☐ Internet
☐ un CD Rom
☐ ...

Production écrite

Choisis un mot de ton hymne national ou un mot de ta langue que tu aimes bien et écris sa définition, sur le modèle du mot *écume* ; puis compare avec la définition donnée dans un dictionnaire.

. . . .

. . . .

. . . .

. . . .

BIENVENUE AU SÉNÉGAL — RÉVISE ta GRAMMAIRE

Le plus-que-parfait

1 **Transforme les phrases, comme dans l'exemple.**

a. Je **rentre** parce que j'**ai donné** rendez-vous à Matthias chez moi.
   → Je **suis rentré** parce que j'**avais donné** rendez-vous à Matthias chez moi.
b. Elle arrive en retard car elle a manqué le bus.
   → ....
c. Grâce aux 100 euros qu'on a gagnés, on peut aller au spectacle de Sol en Si.
   → ....
d. J'ai adoré le livre, mais je n'aime pas le film.
   → ....
e. Ils ont oublié leur passeport alors ils ne peuvent pas prendre l'avion !
   → ....

La cause et la conséquence

2 **Complète avec l'expression qui convient.**

donc – à cause de/d' – alors – grâce à

a. Tout s'est bien passé .... l'aide des organisateurs.
b. Nous n'avons pas pu partir .... une panne.
c. Ils ont adoré le Sénégal .... ils ont décidé d'y habiter.
d. Notre taxi-brousse a eu un accident, nous avons .... dû dormir dans un petit village.

Le passif

3 **Reformule les phrases au passif, comme dans l'exemple.**

a.
b.
c.
d.

Fais le point

ESCALE 2

Évalue tes connaissances et compte tes points !

1 Complète librement les phrases au plus-que-parfait.

a. Un jour, je suis arrivé(e) en retard au collège parce que ....

....

b. Les vacances que j'ai préférées, c'étaient celles que j'ai passées à ....

parce que ....

c. La dernière fois que je ne suis pas allé(e) en classe, c'était parce que ....

....

2 points par phrase

/6

2 Complète librement les phrases.

a. J'aime / Je n'aime pas voyager, donc ....

....

b. J'ai déjà gagné de l'argent grâce ....

c. .... à cause du mauvais temps.

d. J'étais malade, alors ....

2 points par phrase

/8

3 Réponds aux questions en utilisant le passif.

a. Est-ce que quelqu'un t'a déjà interviewé(e) ? Si oui, qui ?

....

....

b. Est-ce que beaucoup de touristes visitent ta ville ?

....

....

c. Est-ce qu'on parle plusieurs langues dans ton pays ?

....

....

2 points par phrase

/6

4 Compte tes points !

total :

/20

> **Résultats**
> < 12/20 ☹ ▶ À revoir !
> Entre 13/20 et 16/20 ☺ ▶ Bien, mais observe tes erreurs !
> > 17/20 ☺☺ ▶ Très bien !
> Prêt(e) pour l'escale suivante !

Portfolio

Fais le point sur tes connaissances !

Maintenant, je sais...	Oui	Un peu	Non
• parler de différentes époques du passé	☐	☐	☐
• exprimer la cause et la conséquence	☐	☐	☐
• raconter une anectote, un fait marquant de ma vie	☐	☐	☐
Je connais...			
• le Sénégal	☐	☐	☐
• un poème de Birago Diop	☐	☐	☐
• l'hymne national du Sénégal	☐	☐	☐

Autoévaluation des escales 0, 1 et 2

Évalue tes connaissances et compte tes points !

1 Replace les mots suivants dans la lettre.

ancre – babouches – bagages – boubou – brousse – cabine – cap – chouette – équipage – escale – médina – plein de – truc – vérifications

> Chers parents,
>
> Notre . . . . au Sénégal touche à sa fin ; nous allons bientôt mettre
> le . . . . sur l'île de la Réunion. L' . . . . est en train de faire
> les dernières . . . . avant de lever l' . . . . Moi je vous écris
> de ma . . . . ; elle est très . . . . mais très petite, et mes
> . . . . prennent beaucoup de place car je ramène . . . .
> souvenirs pour toute la famille : des . . . . pour papa que j'ai achetées
> dans une . . . . au Maroc, et un . . . . pour maman comme
> ceux que portent les femmes sénégalaises qu'on a rencontrées dans la . . . .
> J'ai aussi acheté un . . . . à ma sœur, mais je n'en dis pas plus car je veux
> lui faire la surprise !
> Bises à tous
> Lucas

0,5 point par réponse

/7

2 Retrouve le pronom relatif correct.

a. C'est un voyage . . . . on gardera un souvenir inoubliable.

b. Je vais te montrer la photo du phacochère . . . . nous a attaqués.

c. Le roman . . . . tu m'as prêté est vraiment très intéressant.

d. C'est justement la chose . . . . j'avais besoin !

e. Je vais vous envoyer la photo . . . . on voit Étienne sur le baobab.

f. C'est un reportage . . . . nous sommes très fiers !

g. Des dizaines de gens sont venus le jour . . . . on a inauguré l'hôtel.

1 point par réponse

/7

3 Complète les phrases à l'aide des mots suivants.

d'autres – certaines – chaque – plusieurs – quelques – tous – toutes

> **a.** Allez, aide-moi, ça sera rapide, il y a seulement . . . . sacs de nourriture à porter sur le bateau.

> **b.** . . . . les membres de l'équipe, sans exception, sont enchantés de leur voyage !

> **c.** Moi, j'écris un mél à mes parents . . . . les semaines pour qu'ils ne s'inquiètent pas !

> **d.** J'ai beaucoup aimé les deux romans de cet auteur. Tu sais s'il a écrit . . . . livres ?

> **e.** Je préfère oublier . . . . aventures : comme celle du phacochère, par exemple !

> **f.** Je suis en train d'écrire une légende pour . . . . photo du blog.

> **g.** J'ai choisi . . . . photos pour le blog : laquelle tu préfères ?

1 point par mot

/7

24
vingt-quatre

4 **Conjugue les verbes au plus-que-parfait. Attention à l'accord du participe passé !**

a. Marc s'est fâché parce que Julie et Emma . . . . (se perdre) dans la médina, et il . . . . (devoir) les attendre une heure !

b. Regarde cette photo : à ce moment-là, on . . . . (monter) sur le taxi-brousse, sauf Étienne qui . . . . (ne pas pouvoir).

c. C'est bizarre, j'. . . . . (prendre) des piles pour la caméra et je ne les trouve pas ! Je suis pourtant sûre que je les . . . . (mettre) dans mon sac !

d. Marc nous . . . . (prévenir) que c'était dangereux, et il . . . . (avoir) une bonne intuition !

1 point par verbe

/8

5 **Associe les phrases et complète-les avec une expression de la cause ou de la conséquence.**

a. On vit des aventures passionnantes

b. J'ai des problèmes avec ma connexion Internet ; je ne peux

c. Je l'avais oublié sur le bateau,

d. On n'a pas pu faire l'excursion

e. On n'est pas restés dans l'hôtel

1. . . . . il était complet.

2. . . . . je n'ai pas pu prendre de photos.

3. . . . . au concours Francovision !

4. . . . . pas t'écrire.

5. . . . . du mauvais temps.

1 point par expression

/5

6 **Transforme ces phrases à la voie active. Fais attention de bien conserver le même temps.**

*Ex. Ces photos **avaient été prises** par Julie. ➜ Julie **avait pris** ces photos.*

a. Les cabanes de l'hôtel ont été détruites par le vent.

➜ . . . .

b. Les stations de ski de l'Atlas sont de plus en plus appréciées par les skieurs européens.

➜ . . . .

c. Des séjours au Sénégal seront offerts à des prix intéressants par les agences de voyages françaises.

➜ . . . .

d. Les cercles mégalithiques de Sénégambie viennent d'être étudiés par des scientifiques.

➜ . . . .

e. Une nouvelle école avait été créée par une association dans ce village sénégalais.

➜ . . . .

f. Un article sur l'équipe va être publié dans un journal local.

➜ . . . .

1 point par phrase

/6

De 0 à 12/20 ▶ À revoir
De 13 à 16/20 ▶ C'est bien !
De 17 à 20/20 ▶ Excellent !

total :

/40

/20

DISCUSSION À LA RÉUNION

Communique

1 Complète les bulles avec les mots suivants et associe-les.

apprécie – arrive – cauchemar – manque

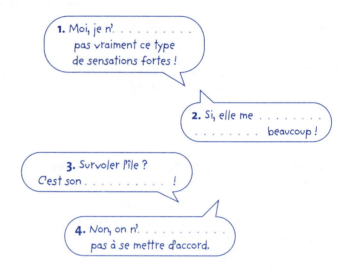

a. Tu n'as pas envie de revoir ta famille ?
b. Alors vous avez décidé ?
c. Ça vous dit de voir une éruption en direct ?
d. Elle ne vient pas avec nous faire un tour en ULM ?

1. Moi, je n'............. pas vraiment ce type de sensations fortes !
2. Si, elle me .... beaucoup !
3. Survoler l'île ? C'est son .... !
4. Non, on n'............. pas à se mettre d'accord.

Grammaire

Le discours indirect

2 Associe.

a. On me dit que c'est une plage superbe.
b. C'est une plage superbe !
c. On m'a dit que c'était une plage superbe.

1. discours indirect (verbe introducteur au passé)
2. discours direct
3. discours indirect (verbe introducteur au présent)

3 Transforme les phrases au style indirect. Souligne les modifications.

a. « Je préfère aller à la plage ! » → Elle dit *qu'elle préfère* aller à la plage.
b. « Je prépare mon VTT pour la compétition. »
   → Il dit ....
c. « On va à la plage avec nos parents. »
   → Ils disent ....
d. « Nous ne savons pas où est notre accompagnateur. »
   → Elles disent ....

4 À qui Marc fait-il cette proposition ? Retrouve les pronoms COI.

a. à moi   Il *me*
b. à Léa   Il ....
c. à Léa et à moi Il ....
d. à Hugo   → Il ....   } propose de rester sur le bateau.
e. à Hugo et à Louis Il ....
f. à toi et à Louis Il ....
g. à Chloé et à Léa Il ....
h. à toi   Il ....

On reste sur le bateau ?

5 Associe les phrases.

a. Alex me dit que…
b. Alex m'a dit de…
c. Alex me demande si…
d. Alex me demande ce que…

1. préparer mes affaires pour l'excursion.
2. nous voulons faire demain.
3. nous devons être prêts à 8 heures.
4. nous voulons faire des achats en ville.

ESCALE 3

6 Complète avec les mots suivants.

ce que/qu' – de/d' – que/qu' – si/s'

a. → Clara trouve . . . . ce paysage est superbe.

b. → Mathis va demander à l'accompagnateur . . . . ils vont faire cet après-midi.

c. → L'accompagnateur leur demande . . . . ils veulent faire un tour dans Saint-Denis.

d. → Manon propose . . . . aller à la plage.

Mes mots

Exprimer son désaccord

7 Associe les bulles aux situations.

1. *Tu parles !* – 2. *J'hallucine !* – 3. *Ne te fâche pas !* – 4. *Arrête de te plaindre !*

a.

b.

c.

d.

DISCUSSION À LA RÉUNION

Communique

1a Complète les titres avec un des mots suivants, puis reconstitue-les.

recherches – chutes – départ – arbitrage – réalisation – préparatifs

a. .... d'un rêve : l'équipe

b. .... sur l'île de Tromelin : une équipe

c. .... de neige et éruption au Piton de la Fournaise :

d. « 20 Desanmb » : .... pour la fête

e. .... de Maud Fontenoy pour son tour du monde

f. Problèmes d' ....

1. lors du match Saint-Denis/Le Tampon
2. de l'Océane nage avec les dauphins
3. de scientifiques sur les traces des « esclaves oubliés »
4. un phénomène exceptionnel
5. de l'abolition de l'esclavage
6. en solitaire et à contre-courant

1b Associe les titres aux photos.

A

B

C

D

E
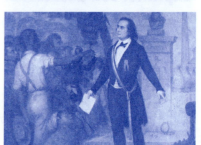
F

Grammaire

La formation des mots

2a Retrouve à partir de quels mots sont formés les noms suivants, comme dans l'exemple.

a. escla**vage** : *esclave (nom)*
b. destru**ction** : .... (verbe)
c. progre**ssion** : .... (verbe)
d. lance**ment** : .... (verbe)
e. reconnaiss**ance** : .... (verbe)
f. édit**eur** : .... (verbe)
g. maladr**esse** : .... (adjectif)
h. simplic**ité** : .... (adjectif)
i. viol**ence** : .... (adjectif)
j. sympath**ique** : .... (nom)
k. politic**ien** : .... (nom)
l. agricul**teur** : .... (nom)

2b Réécris ces titres avec un des mots trouvés dans l'exercice 2a.

a. **Lancement** d'une nouvelle navette par l'Agence européenne
→ L'Agence européenne **lance** une nouvelle navette

ESCALE 3

b. Destruction d'une partie de la forêt française par une grosse tempête

➜ Une grosse tempête . . . .

c. Mode : retour de la **simplicité** des lignes

➜ Mode : retour des . . . .

d. Progression du nombre de personnes affectées par le chikungunya

➜ Le nombre de . . . .

e. Une passante blessée à cause de la **maladresse** d'un cracheur de feu

➜ Une passante blessée à cause d'un . . . .

3a Retrouve les noms formés à partir des mots suivants.

a. -ion : réunir ➜ *réunion*

b. -tion : interdire ➜ . . . .

confirmer ➜ . . . .

c. -ssion : progresser ➜ . . . .

d. -∅ : débuter ➜ . . . .

vendre ➜ . . . .

3b Réécris les titres suivants avec un nom de l'exercice 3a.

a. Climat : 500 experts mondiaux réunis à Paris

➜ *Climat : réunion de 500 experts mondiaux à Paris*

b. Le huitième sommet de l'Union africaine débute aujourd'hui à Addis Abeba

➜ . . . .

c. Une nouvelle loi interdit de fumer dans les lieux publics

➜ Nouvelle loi : . . . .

d. Un milliard de portables vendus en 2006

➜ . . . .

e. Le nombre d'enfants obèses progresse dans l'Hexagone

➜ . . . .

f. Deux nouveaux cas de grippe aviaire confirmés au Japon

➜ . . . .

Mes mots

4a Classe les mots suivants dans le tableau.

l'actualité internationale – un bimensuel – un article – un chapeau – une colonne – l'économie – les faits divers – un hebdomadaire – la météo – un mensuel – un mot – un paragraphe – les petites annonces – la politique – un quotidien – une rubrique – un semestriel – les sports – un titre – un trimestriel

a. noms des différentes parties d'une page de journal	b. noms des rubriques d'un journal	c. types de journaux selon leur périodicité
. . . .	. . . .	. . . .
. . . .	. . . .	. . . .
. . . .	. . . .	. . . .
. . . .	. . . .	. . . .
. . . .	. . . .	. . . .
. . . .	. . . .	. . . .

4b Classe les différentes parties d'une page de journal (de la liste précédente) de la plus grande à la plus petite.

➜ . . . . > . . . . > . . . . >

. . . . > un chapeau > . . . . > . . . . >

LE 10 MAI, UN JOUR POUR SE SOUVENIR

Depuis le 10 mai 2006, la France commémore l'abolition de l'esclavage. Mais pourquoi cette date ? Parce qu'en 2001, la France a adopté la loi Taubira reconnaissant l'esclavage comme un crime contre l'humanité*.
Pendant trois siècles, la France a été très impliquée dans le trafic d'esclaves (la « traite des Noirs ») ; en 1844, 220 000 esclaves travaillaient dans les colonies françaises, en Martinique, en Guadeloupe, à la Réunion… Des bateaux chargés de marchandises quittaient les grands ports français pour rejoindre les côtes africaines. Là, les marchandises étaient échangées contre des esclaves. Puis, les navires traversaient l'Atlantique et les Africains y étaient alors vendus contre du café, du cacao, du sucre…

Ce n'est qu'au milieu du XIXe siècle (le 23 mai 1848) que l'esclavage a été aboli. Cependant, les quatre départements d'outre-mer ont appliqué cette loi à des dates différentes. En 2006, cinq ans après l'adoption de la loi Taubira, le 10 mai a donc été choisi comme date nationale pour commémorer l'événement.

Pour de nombreuses personnes, il est nécessaire de parler davantage de cet épisode de l'Histoire de France pour qu'il ne tombe pas dans l'oubli. Ainsi les jeunes doivent bien comprendre ce qui s'est passé. Pour ce faire, les manuels scolaires donnent désormais plus de place à l'histoire de l'esclavage et à son abolition. Et, partout en France, des manifestations sont organisées le 10 mai dans les collèges, les lycées, à la télé, la radio… en mémoire des millions d'hommes et de femmes qui, entre le XVIe et le XVIIIe siècle, ont été arrachés à leur terre africaine pour être envoyés comme esclaves vers différentes régions du globe.

* *crime contre l'humanité* : crime commis contre des personnes à cause de leurs origines, leurs idées ou leur religion.

1 Vrai ou faux ? Souligne les phrases du texte qui le justifient.
a. La « traite des Noirs », c'est le commerce des esclaves. . . . .
b. La « traite des Noirs » a duré deux cents ans. . . . .
c. Au XIXe siècle, il n'y avait plus d'esclaves en France et dans les colonies françaises. . . . .
d. La loi Taubira est une loi qui abolit l'esclavage. . . . .

2 Associe les événements aux dates.
         le 23 mai 1848   le 10 mai 2001   le 10 mai 2006
a. Date de la loi reconnaissant l'esclavage comme un crime contre l'humanité : . . . .
b. Date à partir de laquelle on commémore en France l'abolition de l'esclavage : . . . .
c. Date de l'abolition de l'esclavage : . . . .

3 Complète le schéma avec les mots *esclaves / café, cacao, sucre / marchandises*.

Départ		Arrivée	Transport de/d'…
ports français	→	Afrique	. . . .
Afrique		colonies françaises	. . . .
colonies françaises		France	. . . .

ESCALE 3

4 Associe les mots équivalents.

a. commémorer   b. davantage   c. trafic   d. désormais   e. arracher
1. enlever par la force   2. commerce   3. plus   4. fêter   5. à partir de maintenant

5a Fais une liste des mots nouveaux que tu as découverts dans ce texte.

....
....

5b Que vas-tu faire avec ces mots nouveaux ? Comment vas-tu faire pour organiser ce vocabulaire ? Et pour le mémoriser ? Avant de répondre, fais le questionnaire suivant.

Stratégies d'apprentissage

Organiser et mémoriser le vocabulaire

1 Quelles techniques préfères-tu utiliser pour <u>organiser</u> ton vocabulaire ?
  a. le support : tu écris…
  ☐ n'importe où, dans ton cahier (ou ton classeur)
  ☐ dans ton cahier (ou ton classeur) à la partie « Vocabulaire »
  ☐ sur des feuilles volantes
  ☐ sur un répertoire (1)
  ☐ sur des fiches cartonnées (2)
  ☐ …

  b. la manière de le présenter : tu préfères…
  ☐ faire des listes de mots par « familles » (3)
  ☐ écrire la traduction des mots
  ☐ écrire la définition des mots
  ☐ écrire des synonymes ou des contraires des mots
  ☐ faire un dessin à côté de chaque mot
  ☐ écrire le mot dans une phrase
  ☐ …

2 Quelles techniques préfères-tu utiliser pour <u>mémoriser</u> le lexique ?
Tu préfères…
  ☐ relire de temps en temps tes notes
  ☐ répéter les mots nouveaux à haute voix (4)
  ☐ réécrire les mots nouveaux pour vérifier que tu les as mémorisés
  ☐ inventer des phrases (à l'oral, à l'écrit) en utilisant les mots que tu veux réviser
  ☐ faire des exercices de lexique
  ☐ …

Production écrite

Choisis un des deux sujets et écris, sur une feuille séparée, un petit texte de 80 à 100 mots.
  a. Existe-t-il, dans ton pays, des dates pour « se souvenir » ? Lesquelles ? Que commémorent-elles ? Pourquoi sont-elles importantes ?
  b. Est-ce que tu penses qu'il faut oublier les erreurs du passé pour progresser ou, au contraire, les commémorer pour éviter qu'elles se répètent ? Donne ton avis et justifie ton opinion.

DISCUSSION À LA RÉUNION — RÉVISE ta GRAMMAIRE

Le style indirect

1 Transforme les phrases au style indirect introduit par un verbe au passé.

A.
- Tu es en train de parler avec ton frère ?
- a. Il me demande si tout le monde va bien.
- b. Il m'explique ce qu'il a fait cette semaine.
- c. Il me dit de vous donner le bonjour.
- d. Il me dit qu'il rappellera demain.

B.
- Pierre a parlé avec son frère ?
- a. Oui, il lui a demandé si ....
- b. Il lui ....
- c. Il ....
- d. ....

2 Transforme les phrases au style indirect introduit par un verbe au passé.

a. « Quand est-ce qu'on part ? »
   → J'ai demandé au capitaine ....
b. « Tu as lu cette nouvelle dans le journal ? »
   → Yanis m'a demandé ....
c. « Allons faire un tour en ville ! »
   → Cléa nous a proposé ....
d. « Demain, nous irons à la plage à Grande-Anse. C'est promis ! »
   → Marc m'a promis ....

La formation des mots

3a Trouve les noms correspondant à ces adjectifs.

a. -ie	modeste, antipathique	.... , ...
b. -ence	patient(e), prudent(e)	.... , ...
c. -ité	timide, simple	.... , ...
d. -esse	poli(e), gentil(le)	.... , ...
e. -isme	égoïste, optimiste	.... , ...
f. -tion	discret/ète, ambitieux/euse	.... , ...

3b Retrouve les qualités de chacune de ces personnes.

a. Laure, sa qualité principale, c'est la vivaci**té** ! → Elle est très ....
b. La plus grande qualité d'Émilie, c'est l'intui**tion** ! → Elle est très ....
c. Carlo, sa caractéristique principale, c'est la curiosi**té** ! → Il est très ....
d. Et Ahmed, c'est l'indépend**ance** ! → Il est très ....
e. Jérémy, lui, c'est la franch**ise** ! → Il est très ....

4 Et toi ? Quels sont tes qualités et tes défauts ?

Je suis ....
....

Fais le point

ESCALE 3

Évalue tes connaissances et compte tes points !

1 **Transforme ces phrases au style indirect.**

a. « Vous avez une demi-heure pour faire ce bilan ! »

➜ Le prof dit . . . .

b. « Vous avez fini tous les exercices ? »

➜ Le prof nous a demandé . . . .

c. « Laisse ton examen sur mon bureau. »

➜ Le prof t'a dit . . . .

d. « Qu'est-ce que vous ferez pendant les prochaines vacances ? »

➜ Le prof nous a demandé . . . .

1 point par phrase

/4

2 **Que t'ont dit/demandé les personnes suivantes ce matin ?**

a. Ma mère/Mon père m'a demandé . . . .

b. Mon professeur de français m'a dit . . . .

c. Mon/Ma voisin(e) m'a dit . . . .

2 points par phrase

/6

3 **Retrouve les noms formés à partir de ces mots.**

a. prévoir ➜ . . . .

b. ouvrir ➜ . . . .

c. élire ➜ . . . .

d. lancer ➜ . . . .

e. confirmer ➜ . . . .

f. vendu(e) ➜ . . . .

g. prudent(e) ➜ . . . .

h. curieux/euse ➜ . . . .

0,5 point par mot

/4

4 **Écris trois titres de la presse de cette semaine.**

a. . . . .

b. . . . .

c. . . . .

2 points par titre

/6

5 **Compte tes points !**

Résultats

<12/20 ☹ ▶ À revoir !

Entre 13/20 et 16/20 ☺ ▶ Bien, mais observe tes erreurs !

>17/20 ☺☺ ▶ Très bien !

Prêt(e) pour l'escale suivante !

total :

/20

Portfolio

Fais le point sur tes connaissances !

Maintenant, je sais...	Oui	Un peu	Non
• rapporter des propos au style indirect	☐	☐	☐
• exprimer mon désaccord	☐	☐	☐
• comprendre et rédiger des titres de presse	☐	☐	☐
• former des noms à partir de verbes et d'adjectifs	☐	☐	☐
Je connais...			
• l'île de la Réunion	☐	☐	☐
• l'aventure des esclaves de Tromelin	☐	☐	☐

RETROUVAILLES À NOUMÉA

Communique

1 Observe les dessins et complète les phrases avec les expressions suivantes.

personnalité – rester enfermé chez lui – s'entendent très bien – fréquenter – se sent rejeté – meilleures amies du monde – passent beaucoup de temps – se faire des copains – propres centres d'intérêt – a du mal à

a.

b.

Ana et Marta sont les . . . . ;
elles . . . . ! Elles . . . .
. . . . ensemble, mais elles ont chacune leurs . . . . .
. . . . et savent garder leur . . . . !

Arthur . . . . rencontrer des gens,
il . . . . ; il ne devrait pas . . . .
. . . . ! La recette pour . . . . ?
. . . . des endroits où il y a beaucoup de jeunes !

Grammaire

Le subjonctif

2 Complète le tableau.

Infinitif	Présent (indicatif)	Présent (subjonctif)
partir	Ils *partent*	que je . . . .
réussir	Ils	que tu . . . .
travailler	Ils	qu'il . . . .
prendre	Ils	qu'elles . . . .
sortir	Ils	qu'ils . . . .
écrire	Ils	qu'on . . . .
	Imparfait (indicatif)	**Présent (subjonctif)**
partir	Nous	que nous . . . .
réussir	Vous	que vous . . . .
travailler	Nous	que nous . . . .
prendre	Vous	que vous . . . .
sortir	Nous	que nous . . . .
écrire	Vous	que vous . . . .

3 Conjugue les verbes et associe.

a. Je suis content que vous . . . . (être) venus.
b. Ce n'est pas normal qu'elle ne . . . . (être) pas encore là !
c. J'ai bien peur qu'il ne . . . . (comprendre) pas.
d. Je ne crois pas que tu . . . . (avoir) raison !
e. Il est possible qu'ils ne se . . . . (voir) plus du tout !
f. Ne te fâche pas ! Il faut que nous . . . . (avoir) une discussion !

1. appréciation
2. possibilité
3. satisfaction
4. obligation/nécessité
5. doute
6. crainte

ESCALE 4

4 Complète le forum à l'aide des indications et des verbes proposés.

Garçons / filles : on se comprend ?

a. **Demon001 :** Pour moi, les filles c'est un vrai mystère ! .... [souhait] qu'elles .... (être) moins compliquées !

b. **Bogoss :** Ouais, c'est vrai, mais .... [doute] que ce .... (être) possible !

c. **Missninon :** Eh, dites donc les garçons ! Nous, on fait des efforts pour vous comprendre ! .... [obligation] que, vous aussi, vous .... [essayer] de faire quelques efforts !

d. **Bogoss :** Ah oui, et comment ? .... [volonté] que tu me .... (donner) la recette !

e. **Mimille :** .... [crainte] qu'il n'y .... (avoir) pas de recette miracle ! Mais ce n'est pas grave ! .... [appréciation] que les garçons et les filles .... (être) différents ! Et c'est ça qui est intéressant, non ?

f. **Missninon :** Bien dit, Mimille ! .... [conseil] que vous .... (écouter) ses conseils, les garçons !

Mes mots

L'expression des sentiments

5 Complète les bulles avec des expressions exprimant les sentiments.

Dommage ! Je .... qu'il ne vienne pas !

a. Ton ami ne peut pas venir à ton anniversaire.

Je /J' .... que mes parents soient en colère !

c. Tu as raté ton examen ; tes parents ne le savent pas encore.

Je .... qu'elle ne me parle plus !

b. Ta meilleure amie ne te parle plus.

Cool ! Je .... que mes parents acceptent !

d. Tes parents acceptent que tu partes en week-end avec ton/ta meilleur(e) ami(e).

RETROUVAILLES À NOUMÉA

Communique

1 Complète les bulles avec les expressions suivantes.

veux bien m'accompagner – vous laisse une heure – faire un tour – que tu le veuilles ou non – dépêchons-nous – faites attention de ne pas vous perdre – c'est ce qu'on appelle – rendez-vous

Grammaire

Le subjonctif (verbes irréguliers)

2 Entoure les formes au subjonctif présent, puis associe à l'infinitif.

veuilles – peuvent – veulent – fasse – sachiez – aillent – soyons – ai – pouviez – puissions –

savoir   pouvoir   être   avoir   faire   aller   vouloir

voulions – faisons – alliez – soient – saurions – aies – pouvons – fassiez – savions

3 Indicatif ou subjonctif ? Barre les formes verbales incorrectes et corrige-les.
a. Il faut absolument que vous ~~allez~~ voir ce monument ! ➜ Il faut absolument que vous **alliez** voir ce monument !
b. Je regrette vraiment qu'il ne peut pas venir ! ➜ ....
c. Nous sommes tellement contents qu'ils sont là ! ➜ ....
d. Tu trouves ça normal qu'elle ne veut plus me parler ? ➜ ....
e. C'est possible qu'ils ne savent pas où vous habitez ! ➜ ....
f. Il vaut mieux que tu fais comme tu veux ! ➜ ....
g. J'ai peur que nous n'avons pas assez de temps pour tout faire ! ➜ ....

ESCALE 4

4 Associe.

a. Il nous a donné un plan de la ville pour que …
b. Vous pouvez vous promener seuls à condition que …
c. Il est parti tout seul. Pourvu qu' …
d. On devrait rentrer avant que …
e. Nous nous sommes bien amusés bien que …

1. … il ne se perde pas !
2. … nos parents s'inquiètent !
3. … vous soyez à l'heure au rendez-vous.
4. … nous n'aimions pas beaucoup la ville.
5. … nous retrouvions le point de rendez-vous.

A. le souhait
B. l'antériorité
C. le but
D. la concession
E. la condition

a	b	c	d	e

5 Complète avec les expressions suivantes.

avant que/qu' – pour que/qu' – à condition que/qu' – pourvu que/qu' – bien que/qu'

a. Tout était déjà organisé . . . . nous arrivions !
b. . . . . ils soient nouveaux ici, ils connaissent déjà tout le monde !
c. Ok, tu peux partir, mais . . . . tu m'écris tous les jours !
d. Je vous écris ce mél . . . . vous ne vous inquiétiez pas !
e. Il n'a pas beaucoup révisé ! . . . . il ne rate pas son examen !
f. Tu devrais lui parler . . . . il soit trop tard !
g. Qu'est-ce que je pourrais faire . . . . tu me pardonnes ?
h. . . . . Marc soit là, Maxime continue à faire le clown !
i. Je t'écouterai . . . . tu m'écoutes d'abord !
j. Nous avons un rendez-vous très important. . . . . il ne soit pas en retard !

Mes mots

Les mots calédoniens

6 Retrouve dans la grille cinq mots calédoniens, puis associe-les aux dessins.

F	C	A	I	L	L	O	U	P
D	O	L	M	É	T	R	O	R
C	U	I	S	A	M	A	I	U
E	T	C	A	N	A	Q	U	E
D	U	A	V	A	N	T	U	R
A	M	O	C	V	O	T	H	E
V	E	R	O	N	U	T	I	E

a.
→ un . . . .

b.
→ un . . . .
et un . . . .

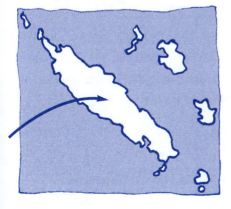
c. → le . . . .

d.
→ faire la
. . . .

RETROUVAILLES À NOUMÉA

Compréhension écrite

Pourquoi les ruptures en amitié font-elles si mal ?

Avec ta bande de potes ou ta meilleure copine, tu partages tout, les fous rires comme les galères. Mais les disputes, les séparations arrivent... L'amitié n'est pas un long fleuve tranquille...

Quand on est ado, les ruptures sont fréquentes en amitié. D'abord avec les amis d'enfance, ceux qu'on a connus à la maternelle ou à l'école primaire. Soudain, on trouve qu'on a changé, qu'on n'a plus grand chose à leur dire et on finit par les voir de moins en moins. Comme si on voulait prendre ses distances avec la petite enfance.

Évidemment, ça fait mal. Quand on se fait plaquer par son ou sa meilleur(e) ami(e), on se sent abandonné... C'est douloureux, mais ça peut être une étape pour mieux s'ouvrir à d'autres types d'amitiés.

Il est important d'accepter la rupture, cela signifie qu'on évolue. Il est nécessaire alors d'aller vers des gens qui nous correspondent mieux, de partir à la découverte d'autres visages et de vivre l'amitié comme une aventure. Et puis, il ne faut pas oublier que se perdre à 14 ans n'empêche pas de se retrouver à 25.

Ceux qui n'arrivent pas à se faire des amis, par contre, sont souvent des ados trop couvés par leurs parents, et qui pensent que le monde extérieur est dangereux. Et se faire des amis, c'est aussi se dévoiler et prendre le risque d'être rejeté car les ruptures font partie de l'aventure !

D'après Stéphane Clerget, *Lolie* n°40.

1 Lis le texte et entoure la bonne réponse.

a. De quel type de texte s'agit-il ?

1. un témoignage   **2.** un article   **3.** un courrier des lecteurs

b. Quel est le sujet du texte ?

1. la séparation en amitié   **2.** les amis avec qui on partage tout   **3.** la difficulté de se faire des amis

2 Vrai ou faux ?

Selon Stéphane Clerget...   Vrai   Faux

a. l'amitié, c'est facile.   ☐   ☐

b. on se sépare souvent de ses amis d'enfance parce qu'on change.   ☐   ☐

c. rompre avec un ami peut avoir des conséquences positives.   ☐   ☐

d. les ruptures en amitié sont toujours définitives.   ☐   ☐

e. quand on n'arrive pas à se faire des amis, c'est parce qu'on aime prendre des risques.   ☐   ☐

3 Reformule ces conseils.

a. Il est important d'accepter la rupture. ➜ Il est important que tu . . . .

b. Il est nécessaire alors d'aller vers des gens qui te correspondent mieux, de partir à la découverte d'autres visages et de vivre l'amitié comme une aventure. ➜ Il est nécessaire que tu . . . . ,
que tu . . . . , que tu . . . .

c. Il ne faut pas oublier que se perdre à 14 ans n'empêche pas de se retrouver à 25.
➜ Il ne faut pas que tu . . . .

4a À ton avis, que veulent dire les deux mots suivants ? Aide-toi de ton dictionnaire pour en trouver des synonymes.

a. rupture . . . .   **b.** dispute . . . .

ESCALE 4

4b Maintenant, en t'aidant du contexte, associe ces mots ou expressions du texte à leur équivalent.

a. ta bande de potes
b. les galères
c. pas grand chose
d. plaquer
e. être couvé
f. être rejeté

1. les moments difficiles
2. quitter / se séparer de
3. être protégé
4. être exclu
5. peu
6. ton groupe de copains

5 Observe les quatre paragraphes du texte. Quelle phrase, parmi les suivantes, résume chaque paragraphe ?

a. Il faut prendre des risques pour arriver à se faire des amis.
b. On perd souvent ses amis d'enfance à l'adolescence.
c. La rupture en amitié, c'est vraiment difficile.
d. Accepter la séparation, c'est aller vers de nouvelles aventures.

➡ paragraphe 1 : . . . . .   paragraphe 2 : . . . . . .   paragraphe 3 : . . . .   paragraphe 4 : . . . .

Stratégies d'apprentissage

Comment résumer un texte ?

1 Avant de faire un résumé de texte, que fais-tu ?

☐ Tu ne lis le texte qu'une fois, sans prendre de notes.
☐ Tu lis le texte plusieurs fois et tu notes les idées importantes.
☐ Tu essaies de comprendre un maximum de mots difficiles grâce au contexte.
☐ Tu cherches des synonymes des mots importants du texte.
☐ ...

2 Pour écrire un bon résumé, comment fais-tu ?

☐ Tu repères les différentes parties du texte et les réécris plus simplement.
☐ Tu écris un texte aussi long que le texte original, mais avec tes propres phrases.
☐ Tu essaies de ne pas utiliser les mêmes mots ou phrases que dans le texte original.
☐ Tu ajoutes ton opinion personnelle.
☐ Tu reformules seulement les idées données dans le texte original.
☐ Tu réécris les idées du texte dans le désordre.
☐ ...

3 Maintenant, lis l'encadré ci-dessous et vérifie que tu emploies la bonne technique !

> **Résumer un texte, c'est :**
> • écrire un texte trois fois plus court que l'original ;
> • se mettre à la place de l'auteur du texte (ne pas dire : « J'ai lu un texte qui parle de … ») ;
> • garder la même structure que le texte original ;
> • réécrire seulement les idées principales ;
> • ne pas ajouter d'autres idées ni d'opinions personnelles ;
> • essayer de ne pas utiliser les mêmes mots que dans le texte original.

Production écrite

> **Sur une feuille séparée, résume le texte en 80 mots. Utilise la technique découverte précédemment. (N'oublie pas de changer le titre et de résumer aussi le chapeau !)**

RETROUVAILLES À NOUMÉA — RÉVISE ta GRAMMAIRE

Le subjonctif

1 À ton avis, quels conseils peut donner le psychologue à ces jeunes ?

psycho-psycho-psycho-psycho-psycho-psycho-psycho-psycho

Aujourd'hui, Michel Serdon, psychologue, vous conseille...

Ma meilleure amie me téléphone tous les jours. Je trouve que c'est un peu trop. Est-ce que je dois lui dire ou non ? Nora, 14 ans

→ Oui, il vaut mieux que tu . . . .
. . . .
. . . .

Mes parents ne veulent jamais que je sorte le week-end avec mes copains. Comment faire pour leur expliquer que c'est important à mon âge ? Lucie, 16 ans

J'ai un copain qui fait tout comme moi et ça m'énerve ! Comment je pourrais le lui faire comprendre sans qu'il se fâche ? Léo, 15 ans

Il faut que tu . . . .
. . . .
. . . .

Il est nécessaire que tu . . . .
. . . .
. . . .

2 Transforme les phrases, comme dans l'exemple.

a. Ma meilleure amie est jalouse de moi. (tristesse) → *Je suis triste qu'elle soit jalouse de moi !*

b. Vos parents sont absents de la maison tout le week-end. (satisfaction) → Vous . . . .
. . . . !

c. Nos copains ne veulent pas participer au concours. (regret) → Nous . . . .
. . . . !

d. Vos affaires ont disparu ! (crainte) → Vous . . . .
. . . . !

e. Vous pouvez venir demain soir. (souhait) → Je/J' . . . .
. . . . !

f. Elle fait exactement tout ce que je fais ! (appréciation) → Je/J' . . . .
. . . . !

3 Indicatif ou subjonctif ? Complète le mél.

De : annette73@hotmail.fr
À : noemietiss@voila.fr

Chère Noémie,
J'ai un problème, je crois que je . . . . (être) amoureuse de mon meilleur ami. Je ne pense pas qu'il le . . . . (savoir) et c'est peut-être mieux comme ça, mais la situation est vraiment difficile ! Je sais qu'il considère que notre amitié . . . . (être) très importante et je ne veux pas tout gâcher. Mais, en même temps, je voudrais qu'il m' . . . . (aimer) un peu plus qu'une simple amie ! Quand je le vois, je suis sûre que je . . . . (devenir) rouge comme une tomate ! Alors, j'essaie de l'éviter parce que je ne crois pas que je . . . . (pouvoir) cacher mes sentiments ! Que faire ? Réponds-moi vite !
J'attends tes conseils, bises,
Annette

Fais le point

ESCALE 4

Évalue tes connaissances et compte tes points !

1 Tu t'es fâché(e) avec ton/ta meilleur(e) ami(e). Complète.

a. Je voudrais qu'il/elle . . . .

b. Il faut qu'il/elle . . . .

c. Je suis triste qu'il/elle . . . .

d. Il vaut mieux qu'il/elle . . . .

e. J'ai peur qu'il/elle . . . .

1 point par phrase

/5

2 Parle de toi. Quel(le) est ...

a. ta plus grande peur ? ➜ J'ai peur que/qu' . . . .

b. ta plus grande satisfaction ? ➜ Je suis heureux/heureuse que/qu' . . . .

c. ton plus grand regret ? ➜ Je regrette que/qu' . . . .

d. ton souhait le plus cher ? ➜ Je souhaite que/qu' . . . .

e. ton plus grand doute ? ➜ Je doute que/qu' . . . .

1 point par phrase

/5

3 Complète librement ces phrases.

a. Dépêchez-vous de rentrer avant que/qu' . . . .

b. Pour que/qu' . . . . , il est nécessaire que tu

c. Je veux bien . . . . , à condition que

d. Bien que je . . . . , je

e. On . . . . pourvu que/qu' . . . . !

1 point par phrase

/5

**4 Donne ton opinion en répondant aux questions suivantes.
(Choisis bien le subjonctif ou l'indicatif !)**

a. Tu penses que c'est difficile de se faire des copains ?

. . . .

b. Qu'espères-tu faire comme profession plus tard ?

. . . .

c. Tu crois que l'amour est plus important que l'amitié ?

. . . .

d. Certains disent qu'ils sont sûrs que la vie est plus difficile aujourd'hui qu'autrefois. Et toi ?

. . . .

e. Est-ce que tu considères qu'il est nécessaire de tout dire à ses amis ?

1 point par réponse

/5

total :

/20

5 Compte tes points !

Résultats

< 12/20 ☹ ▶ À revoir !

Entre 13/20 et 16/20 ☺ ▶ Bien, mais observe tes erreurs !

> 17/20 ☺☺ ▶ Très bien !

Prêt(e) pour l'escale suivante !

Portfolio

Fais le point sur tes connaissances !

Maintenant, je sais...	Oui	Un peu	Non
• exposer un problème, donner un conseil	☐	☐	☐
• exprimer des sentiments	☐	☐	☐
• exprimer un doute, une condition, un souhait	☐	☐	☐
Je connais...			
• quelques livres de Nouvelle-Calédonie	☐	☐	☐
• la Nouvelle-Calédonie	☐	☐	☐

Autoévaluation des escales 3 et 4

Évalue tes connaissances et compte tes points !

1 Rapporte les paroles des journalistes.

a. Est-ce que vous avez eu beaucoup de difficultés pendant votre voyage ?
b. Je suis journaliste au Mag'. Répondez à quelques questions, s'il vous plaît !
c. Qu'est-ce que vous allez faire maintenant ?
d. Comment vous sentez-vous après votre traversée ?
e. Tout le monde vous applaudit pour votre exploit !
Qu'est-ce qu'ils disent ?

a. Un journaliste lui demande ....
b. Un journaliste lui dit .... Il lui demande
....
c. Un journaliste lui demande ....
d. Un journaliste lui demande ....
e. Un journaliste lui dit ....

1 point par phrase

/5

2 Transforme le texte au discours indirect. Attention aux changements !

De : paulo@yahoo.fr
À : familleregnier@msn.com
Objet : nouvelles

Chère Maman,
Mon voyage s'est très bien passé. J'ai fait du VTT dans la montagne, j'ai adoré ! J'espère que je pourrai recommencer l'année prochaine ! Nous sommes maintenant sur le chemin du retour, je te téléphonerai ce soir. Embrasse papa pour moi.
Bisous,
Paul

Paul t'a écrit ?

Oui, il m'a dit que ....

2 points par phrase

/10

3 Complète les mots et associe pour former des titres.

a. Ferme .... d'   1. piton de la Fournaise.
b. Érup .... du   2. programme pour l'équipe de l'Océane.
c. Dép .... de   3. un grand jeu-concours !
d. Commémora .... de   4. nouveau centre culturel.
e. Organisa .... d'   5. la grande course de VTT !
f. Inaugura .... du   6. une école à Saint-Denis.
g. Change .... de   7. l'abolition de l'esclavage.

1 point par titre

/7

4 Transforme ces informations en titres de journaux, comme dans l'exemple.

a. L'Océane partira demain pour un long voyage de neuf mois.

→ *Départ de l'Océane demain pour un long voyage de neuf mois*

b. Un nouveau médicament a été découvert par un scientifique réunionnais.

→ ....

c. La jeune Parisienne a été élue Miss France.

→ ....

d. On a construit une nouvelle salle de sport à Saint-Denis.

→ ....

e. Un navire qu'on croyait perdu en mer a réapparu.

→ ....

f. Un très célèbre tableau de Gauguin a été vendu hier.

→ ....

1 point par titre

/5

5 Donne des conseils pour résoudre ces problèmes. Utilise les éléments suivants.

*aller consulter un médecin – s'inscrire sur Internet – s'expliquer – avoir confiance en soi –
devoir faire attention à ce qu'elle dit*

a. Je n'arrive pas à me sentir bien avec d'autres jeunes de mon âge !

→ Il faut que tu .... !

b. Une fille de ma classe est jalouse de moi et me critique tout le temps !

→ Je ne crois pas que tu .... !

c. J'ai souvent mal à la tête ! Dois-je prendre un médicament ?

→ Il vaut mieux que tu .... !

d. Mes copains et moi aimerions participer au concours Francovision ! Comment faire ?

→ Il est nécessaire que vous .... !

e. Je suis fâché avec mon père, parce qu'il y a eu un malentendu entre nous...

→ C'est très important que vous .... !

1 point par phrase

/5

6 Souligne les huit erreurs de conjugaison dans le mél d'Alex et corrige-les.

> **De :** alexejovir@yahoo.fr
> **À :** maxou@msn.com; philomena@gmail.com; zizoufan@laposte.net; celiajr@orange.fr
> **Objet :** Concours
>
> Salut les copains !
> Ça vous dirait de participer avec moi au concours Francovision l'année prochaine ?
> Moi, je voudrais vraiment que nous nous inscrivons tous ensemble. Je pense vraiment que nous ayons toutes nos chances de gagner, à condition qu'on fait de notre mieux pour bien se préparer !
> Je ne crois pas que les étapes sont trop difficiles, mais il vaut mieux que nous sommes tous motivés parce que c'est une longue aventure !
> Pourvu que vous êtes d'accord ! Je serais très triste que vous ne voulez pas m'accompagner !
> À+
> Alex
> PS : Il faut absolument qu'on prend notre décision très rapidement, les candidatures sont à envoyer avant le 30 septembre !

1 point par réponse

/8

total :

/40

/20

1. .... - 2. ....

3. .... - 4. ....

5. .... - 6. ....

7. .... - 8. ....

De 0 à 12/20 ▶ À revoir
De 13 à 16/20 ▶ C'est bien !
De 17 à 20/20 ▶ Excellent !

SENSATIONS FORTES EN GUYANE

Communique

1 Associe chaque expression à l'expression équivalente.

a. C'est bien joli, … – **b.** N'aie pas peur… – **c.** Ne t'en fais pas… – **d.** Tu pourrais préciser, s'il te plaît ? – **e.** Si je pouvais, je sauterais… – **f.** Si j'étais toi, je ne sauterais pas ! – **g.** Comme c'est drôle !

1.

2.

3.

4.

5.

6.

1	2	3	4	5	6	7
b	.	.	.	.	.	.

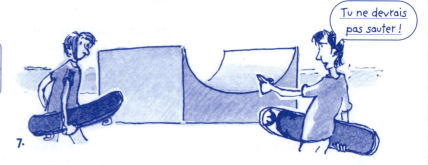

7.

Grammaire

Le conditionnel présent et passé

2a Conjugue les verbes au conditionnel présent.

a. Vous .... (pouvoir) m'indiquer comment aller à Saint-Laurent ?
b. Ça te .... (dire) de venir avec nous ?
c. Moi, à ta place, je n' .... (aller) pas !
d. J' .... (adorer) assister au tournage d'un film !
e. Nous ne .... (devoir) pas nous baigner là, c'est dangereux…
f. Tu .... (avoir) dix euros à me prêter, s'il te plaît ?
g. Moi, si j'allais en Guyane, je .... (choisir) de visiter le centre spatial.
h. Vous .... (être) intéressées par la visite d'un bagne ?
i. Si j'avais plus de temps, j' .... (apprendre) à jouer de la guitare.
j. Ils .... (devoir) aller en Guyane, c'est vraiment magnifique !

ESCALE 5

2b Indique la valeur du conditionnel dans les phrases de l'exercice 2a.

Demande polie : phrases . . .　　　Proposition : phrases . . .

Souhait / désir : phrases . . .　　　Fait imaginaire / hypothèse irréalisable : phrases . . .

Conseil : phrases . . .

Le futur dans le passé

3 Reformule les phrases au discours rapporté. (Attention aux transformations !)

a. « On ira visiter le bagne ensemble ? »

➜ Ils nous ont demandé *si on irait visiter le bagne ensemble.*

b. « Tu pourras apporter ton appareil photo ? »

➜ Elle m'a demandé si

c. « Ce sera génial de visiter le bagne ! »

➜ Il pensait que

d. « Vous aurez le temps de visiter le centre spatial. »

➜ Ils nous ont dit que nous

4 Transforme les phrases au conditionnel passé et au plus-que-parfait, comme dans l'exemple. (Attention au choix de l'auxiliaire et à l'accord du participe passé, si nécessaire !)

a. On voudrait voir ce film mais il a déjà commencé...

➜ *On **aurait voulu** voir ce film mais il **avait** déjà **commencé**...*

b. Elles se perdraient si elles n'avaient pas de guide !

➜ . . . .

c. Vous auriez beaucoup de chance si vous pouviez voir des animaux sauvages.

➜ . . . .

d. Je viendrai plus tôt si tu veux.

➜ . . . .

e. Nous pourrions aller à la plage s'il fait beau.

➜ . . . .

Les hypothèses au conditionnel

5 Complète les phrases au conditionnel présent ou passé.

a. Si j'étais toi, je . . . . (participer) au concours Francovision l'année prochaine.

b. Si vous aviez été là, je suis sûr que vous . . . . (adorer) le concert.

c. Si vous voulez, on . . . . (pouvoir) aller au cinéma ce soir.

d. Nous . . . . (venir) avec vous si la voiture n'était pas tombée en panne !

e. Si tu étais riche, qu'est-ce que tu . . . . (faire) ?

f. Si Florent et son équipe avaient gagné le concours, ils . . . . (partir) sur l'Océane.

Mes mots

Mots d'ici et d'ailleurs

6 Retrouve les mots décrits par les devinettes.

a. Si on faisait une visite de la forêt amazonienne sur le Maroni, on se déplacerait avec ce « véhicule ».

➜ une P_ _ _ _ _ _

b. Si on se baignait avec eux, ils nous mangeraient sûrement ! ➜ les P_ _ _ _ _ _ S

c. Si on ne savait pas qu'elle est inoffensive, on serait mort de peur ! ➜ une M_ _ _ _ _ _ _

d. Si on s'y promenait, on risquerait de s'y perdre ! ➜ la M_ _ _ _ _ _ _

SENSATIONS FORTES EN GUYANE

ÉCRIT

Communique

1 Associe les personnes aux annonces.

1. Urgent – Recherchons comédien noir musclé pour rôle de prisonnier dans long-métrage. Tournage en Guyane, expérience indispensable. Ref 34-506

2. Recherchons comédien pour tournage de publicité. Profil : grand, rieur, âgé de 20 à 35 ans. Débutant accepté. Réf 54-129

3. Pour doublage de film, société Vox Populi recherche voix de jeune homme avec accent antillais. Réf 34-980

4. Création théâtrale rech. maquilleur spécialisé effets spéciaux accidents. Grande expérience, aimable, disponible. Réf 22-564

a. b. c. d.

Grammaire

La formation des adjectifs

2 Comment sont formés ces adjectifs ?
Retrouve la base de chaque adjectif et classe-les dans le tableau.

malheureux – aventurier – aimable – naturel – *introuvable* – musclé – inséparable – expressif – original – professionnel – ouvert – récréatif – âgé – chaleureuse – historique

Formé à partir d'un nom	Formé à partir d'un verbe
malheureux ➜ malheur	introuvable ➜ trouver
➜	➜
➜	➜
➜	➜
➜	
➜	
➜	
➜	
➜	
➜	
➜	

ESCALE 5

3 **Associe les adjectifs à leur définition.**

a. indispensable	**1.** qui impressionne, qui surprend
b. dispensé	**2.** qui n'est pas une copie
c. impressionnant	**3.** qui n'est pas gratuit, que l'on doit payer
d. impressionnable	**4.** qui n'est pas obligé de faire quelque chose
e. payant	**5.** qui est facilement impressionné
f. payable	**6.** dont on ne peut pas se passer, absolument nécessaire
g. originaire	**7.** que l'on peut payer
h. original	**8.** qui vient de ...

Les adjectifs contraires

4a **Associe les étiquettes pour créer le maximum d'adjectifs.**

ir-   in-   (-)port-   (-)oubli-   (-)lis-   (-)poss-   -able

il-   dés-   (-)habitu-   (-)logique   (-)agré-   (-)utilis-   -el   -é

im-   (-)habit-   (-)lettr-   (-)respons-   -réel   -ible

. . . .

. . . .

. . . .

. . . .

. . . .

. . . .

. . . .

. . . .

4b **Choisis trois adjectifs et utilise-les dans des phrases.**

a. . . . .

b. . . . .

c. . . . .

Mes mots

Les métiers du cinéma

5 **Reconstitue les mots et associe-les aux définitions**

ANÉCRAMMA – CUROT-REMAGÉT – UBEULDOR – GUFRANIT – CUMERENTADOI – QUAILLEMUSE – OMEDÉCINNE

a. Synonyme d'actrice. ➜ . . . .

b. Professionnelle en charge de la beauté des acteurs ou des effets spéciaux pour les transformer.

➜ . . . .

c. Petit film de fiction. ➜ . . . .

d. Participant à un film, sans rôle particulier. ➜ . . . .

e. C'est lui qui filme les images. ➜ . . . .

f. Film présentant des faits réels. Il peut être animalier, historique, de société...

➜ . . . .

g. Il prête sa voix à l'acteur original pour le faire parler dans une autre langue.

➜ . . . .

SENSATIONS FORTES EN GUYANE — Compréhension écrite

Les Ombres du Bagne, un film documentaire tourné à Saint-Laurent-du-Maroni

Ce documentaire fait revivre les dernières années des bagnes de Guyane à travers l'histoire de quatre bagnards choisis dans la foule d'anonymes sacrifiés.

Située entre la jungle et l'océan, la Guyane française a été pendant plus d'un siècle (de 1842 à 1953) une prison à ciel ouvert pour près de 90 000 condamnés envoyés là-bas par la justice française. Seuls 10 000 d'entre eux y ont survécu. Parmi eux, Charles le Belge, René le Parisien, Jassek le Juif polonais et Tran-Khac l'Indochinois ont été à la fois victimes, survivants et témoins de l'horreur du bagne. Le film nous propose de savoir qui ils étaient avant leur arrivée à Saint-Laurent, et qui ils sont devenus pendant et après leurs années au bagne.

Constitué essentiellement d'images d'archives, le documentaire de Patrick Barbéris contient aussi des images filmées par son équipe à Saint-Laurent dans « les décombres du bagne » pour reconstituer la vie des personnages.

Les documents écrits sont remarquables, avec des dossiers officiels de l'Administration Pénitentiaire, mais aussi les témoignages du personnel et des bagnards. Trois des quatre personnages du film ont d'ailleurs écrit leurs mémoires, dont René Belbenoit qui est présenté comme étant le vrai Papillon de l'histoire racontée par Henri Charrière !

Ce documentaire qui reconstitue la chronique des aventures de ces quatre prisonniers, depuis les événements qui les ont conduits sur cette terre de « la grande punition » jusqu'à leurs efforts parfois rocambolesques pour lui échapper, a été diffusé sur Arte en novembre 2006.

D'après www.arte.fr.

1 Que présente ce document ?
a. un film documentaire
b. l'histoire de quatre bagnards
c. un programme télévisé

2 Retrouve, dans le texte, les mots pour dire :
a. qui sont envoyés à la mort ➡ ....
b. qui sont jugés coupables ➡ ....
c. qui ne sont pas mort, qui ont survécu ➡ ....
d. qui assistent à un événement, sans y participer ➡ ....
e. des documents stockés et classés ➡ ....
f. les ruines ➡ ....
g. que l'on remarque ➡ ....
h. qui sont incroyables, extraordinaires ➡ ....

ESCALE 5

3a Relis attentivement le texte. Que décrivent les différentes parties ? Associe.

a. lignes 1 à 3

b. lignes 4 à 6   **1.** Description des héros

c. lignes 7 à 14   **2.** Description du lieu

d. lignes 15 à 19   **3.** Description du documentaire

e. lignes 20 à 28

3b Quels temps sont utilisés ?

a. Pour décrire le documentaire : . . . .

b. Pour parler de l'histoire racontée dans le documentaire : . . . .

Stratégies d'apprentissage

Comment éviter les répétitions ?

1 Quelles sont les différentes stratégies que tu utilises pour éviter les répétitions ?

☐ Je cherche d'autres manières de dire la même chose en cherchant des mots proches (ex. *La Guyane, ce pays sud-américain, ce DOM...*)

☐ Je cherche des synonymes.

☐ J'utilise une métaphore (une expression imagée qui représente cette chose) (ex. *Ce Paradis vert*).

☐ Je remplace certains mots par un adjectif possessif ou démonstratif (*sa capitale, ce pays...*), par un pronom sujet (*il/elle/ils...*), un pronom COD (*le, la, l', les, en...*), un pronom COI (*lui, leur, en, y...*), un pronom relatif (*que, qui, où, dont...*), un pronom circonstanciel (*en, y...*), un adverbe (*ici, là-bas...*), etc.

☐ . . . .

2 À l'aide des propositions de la liste précédente, trouve différentes manières de ne pas répéter « la Guyane » dans le texte suivant.

La Guyane est située à 7 000 kilomètres de la France, mais les habitants de la Guyane sont français car la Guyane est un département français d'Outre-mer. Beaucoup de touristes visitent la Guyane chaque année pour les différentes richesses de la Guyane. De nombreuses activités s'offrent en effet aux visiteurs en séjour en Guyane : découverte de la nature, de la culture et même de la technologie grâce au centre spatial situé en Guyane.

3 Éviter les répétitions.

Retrouve, dans le texte de la page 48, à partir de la ligne 6, les différents mots utilisés pour parler des quatre héros du film documentaire.

– un pronom personnel sujet : . . . .

– deux adjectifs possessifs : . . . .

– un pronom COD : . . . .

– trois noms : . . . . , ... , ...

Production écrite

Sur le modèle du document de la page 48, écris sur une feuille séparée un article sur un film ou un documentaire que tu as aimé. Présente-le brièvement dans le chapeau de l'article, puis raconte son histoire en essayant de structurer ton texte et de ne pas faire de répétitions.

SENSATIONS FORTES EN GUYANE
RÉVISE ta GRAMMAIRE

1 Reformule ces phrases en utilisant le conditionnel présent.

a. Tu veux venir au cinéma avec nous ? ➜ Ça .... ?
b. Donnez-moi l'heure, s'il vous plaît ! ➜ Vous .... ?
c. Je rêve d'aller à la plage ! ➜ J' .... !
d. Va dormir ! Il est tard ! ➜ Tu .... !
e. Tu ne devrais pas faire ça ! Enfin, c'est mon avis ! ➜ Si j'étais toi, ... !
f. Ça ressemble à une grosse araignée ! ➜ Je ne sais pas ce que c'est mais on .... !

2 Imagine ce que tu dirais dans ces situations. Utilise les verbes proposés conjugués au conditionnel passé.

a. Vous n'avez pas eu le temps de visiter le centre spatial. Vous exprimez un regret. (aimer)
   ➜ *Nous <u>aurions</u> vraiment <u>aimé</u> visiter le centre spatial mais nous n'avons pas eu le temps.*
b. Ton ami a dit quelque chose de blessant à quelqu'un. Tu lui fais un reproche. (devoir)
   ➜ Tu ....
c. Ton frère et toi n'avez pas pu aller à la fête d'un ami car vous étiez malades. Vous lui téléphonez et imaginez la situation contraire. (venir)
   ➜ Si on n'avait pas été malades, on ....
d. Ta grand-mère t'a offert un cadeau que tu n'aimes pas. Tu fais part de ton regret à un ami. (préférer)
   ➜ Je/J' ....
e. Tes amis ne t'ont pas attendu(e) pour manger. Tu leur fais un reproche. (pouvoir)
   ➜ Vous ....
f. Tes parents et toi, vous n'avez pas eu le temps de faire tout ce que vous vouliez pendant les vacances. Vous imaginez ce que vous auriez fait avec plus de temps. (aller)
   ➜ Si nous avions eu plus de temps, nous ....

3 Reformule les phrases en utilisant des adjectifs basés sur le mot souligné.

a. Je ne le <u>supporte</u> plus ! Il est vraiment .... !

b. Oh je l'<u>adore</u>, il est vraiment .... !

c. Alors toi, la <u>discrétion</u>, tu ne connais pas, tu es vraiment .... !

d. Je n'<u>oublierai</u> jamais ce voyage, c'était vraiment .... !

e. Je n'arrive vraiment pas à <u>faire</u> cet exercice, il est .... !

Fais le point

ESCALE 5

Évalue tes connaissances et compte tes points !

1 Complète librement les phrases.

a. Si je pouvais, ...

b. Si j'avais su, ...

c. Si j'avais eu plus de temps, ...

d. Si mes parents étaient d'accord, ...

e. Si tu l'avais écouté, ...

1 point par phrase

/5

2 Complète les phrases en utilisant le conditionnel passé.

a. Je n'ai pas pu y aller avec eux, c'est dommage, j'. . . . . ! (adorer)

b. Si vous aviez gagné le concours, vous . . . . où ? (partir)

c. Ils ne sont pas venus et je les ai attendus, ils . . . . téléphoner ! (pouvoir)

d. Si tu étais parti à l'heure, tu . . . . ton train ! (ne pas manquer)

e. Sans carte, nous . . . . , c'est sûr ! (se perdre)

1 point par phrase

/5

3 Décris-toi avec quatre adjectifs basés sur des noms ou des verbes.

a. Je suis . . . .

c. . . . .

d. . . . .   **b.**

1 point par adjectif

/4

4 Retrouve les adjectifs correspondant aux définitions suivantes.

a. Personne n'y habite, c'est . . . .

b. On ne peut pas le réaliser, c'est . . . .

c. On ne peut pas le prévoir, c'est . . . .

d. C'est quelque chose dont on n'a pas l'habitude, c'est . . . .

e. On ne peut pas penser ça, c'est . . . .

f. C'est quelqu'un qui n'a pas d'expérience, il /elle est . . . .

1 point par réponse

/6

5 Compte tes points !

> **Résultats**
>
> < 12/20 ☹ ▶ À revoir !
>
> Entre 13/20 et 16/20 ☺ ▶ Bien, mais observe tes erreurs !
>
> > 17/20 ☺☺ ▶ Très bien !
>
> Prêt(e) pour l'escale suivante !

total :

/20

Portfolio

Fais le point sur tes connaissances !

Maintenant, je sais...	Oui	Un peu	Non
• exprimer un regret, un reproche, une hypothèse	☐	☐	☐
• rassurer quelqu'un	☐	☐	☐
• décrire une personne à l'aide d'adjectifs	☐	☐	☐
• former des mots contraires	☐	☐	☐
Je connais...			
• *Papillon* d'Henri Charrière	☐	☐	☐
• la Guyane	☐	☐	☐

DERNIÈRE ESCALE AU QUÉBEC

Communique

1a Replace ces parties aux endroits correspondants sur le schéma de la lettre.

1. Monsieur le Directeur,

2. Clermont-Fd, le 15 juin 2007

3. Laurent Lumière
   Collège Victor Hugo
   4, rue Malherbes
   63000 Clermont-Ferrand

4. Je vous prie d'accepter, Monsieur le Directeur, mes sincères salutations.

5. Monsieur le Directeur
   de Chocodor
   39 av. de la Liberté
   63000 Clermont-Fd

6. Objet : nouvelle demande de visite

7. Laurent Lumière

8. Je suis enseignant au collège Victor Hugo de Clermont-Ferrand et il y a …

1b Replace le corps de la lettre dans l'ordre.

1. quelques jours nous avons fait une visite dans votre entreprise avec un groupe d'élèves.
2. une bonne partie de la matinée et je vous demande de nous en excuser. J'espère cependant, qu'après
3. *Je suis enseignant au collège Victor Hugo de Clermont-Fd et il y a*
4. Vous devez savoir que lors de notre visite il s'est produit un petit incident. En effet,
5. *Je vous prie d'accepter, Monsieur le Directeur, toutes nos excuses et mes sincères salutations.*
6. un des élèves a fait tomber par accident ses lunettes dans une cuve de chocolat.
7. cet incident, vous ne verrez pas d'inconvénient à nous accepter à nouveau en visite dans votre entreprise avec d'autres groupes.
8. Je suis vraiment désolé que cela ait provoqué l'arrêt de la chaîne de production pendant

3						5

ESCALE 6

Grammaire

L'expression de l'antériorité, la simultanéité et la postériorité

2 Associe. (Attention, il y a plusieurs possibilités.)

Il a fallu écrire un mot d'excuses

- **a.** avant
- **b.** avant de
- **c.** avant qu'
- **d.** après
- **e.** après qu'

1. repartir pour la France.
2. notre départ pour la France.
3. on est repartis pour la France.
4. on reparte pour la France.
5. être repartis pour la France.

3 Complète les phrases avec les mots et expressions suivants.

a. *le film commence !* – **b.** *les cours.* – **c.** *des Jeux Olympiques !* – **d.** *t'appeler* – **e.** *cinq minutes !* – **f.** *j'ai économisé pendant trois mois !*

1. – Tu as finalement pu t'acheter la nouvelle Playstation ?
   – Oui, après que ....

2. – Tu peux m'aider à faire cet exercice de maths ?
   – Oui, mais avant que ....

3. – Vous êtes allés en Chine ?
   – Oui, lors ....

4. – Quand est-ce qu'elle t'a téléphoné ?
   – Il y a ....

5. – Quand est-ce que tu vas aller à la bibliothèque ?
   – Après ....

6. – Tu as parlé avec Marine ?
   – Oui, juste avant de ....

L'expression de la finalité

4 Complète avec *dans le but, pour* ou *afin que.*

> Chère Carole,
> Rassure-toi : je ne suis pas du tout fâchée avec toi, mais mes parents avaient organisé un week-end .... de nous faire connaître le centre de la France (superbe !) et c'est pour ça que je n'ai pas pu aller à ta fête. Je t'écris donc .... te demander de m'excuser et .... tu saches que je n'ai pas pu t'appeler parce que j'étais à la montagne et que mon portable ne passait pas ! ☺
> Bises, Louise.

Mes mots

S'excuser

5 Relie les expressions et retrouve six manières de s'excuser.

Excusez	vraiment !	Je te présente	pardon !	Je regrette	désolé(e) !	Je vous prie

Je suis	toutes mes excuses !	d'accepter mes excuses !	-moi !	Je te demande

a. ....

b. ....

c. ....

d. ....

e. ....

f. ....

53
cinquante-trois

DERNIÈRE ESCALE AU QUÉBEC

ORAL

Communique

1 Remets les phrases dans l'ordre.

a.

b.

c.

d.

Grammaire

Les expressions avec *avoir*

2 Reconstitue les mots entre parenthèses et complète les expressions avec le verbe *avoir*.

a. Qu'est-ce qu'il nous faut pour cette recette ? (SINOBE)
   → On .... de quoi pour cette recette ?
b. J'ai une douleur au bras ! (LAM)
   → J'.................................. au bras !
c. Il semble inquiet ! (RIA)
   → Il .... inquiet !
d. Il n'a pas raison ! (TROT)
   → Il .... !
e. Tu ne veux pas aller à ce concert ? (INEVE)
   → Tu n'.......... pas .... d'aller à ce concert ?
f. Qu'est-ce qu'elle pense faire, maintenant ? (TONNINITE)
   → Qu'est-ce qu'elle .... de faire, maintenant ?

3 Réécris les phrases suivantes avec *n'avoir qu'à*.

À mon avis, il faut...
a. ... que tu t'excuses !
   → Tu .... t'excuser !
b. ... que vous lui demandiez pardon !
   → Vous .... !
c. ... qu'elles passent l'examen demain !
   → .... !
d. ... qu'on parte plus tôt !
   → .... !

ESCALE 6

4 Complète avec *avoir l'air, besoin, de la chance, chaud (3), envie, faim, froid, honte, l'intention, mal, (bien) peur, raison, soif, sommeil* ou *tort*.

a. Tu . . . . ? Normal : tu es en T-shirt !

b. Vous . . . . ? Vous voulez boire quelque chose ?

c. Non, moi j'. . . . . ! Il y a quelque chose à manger ?

d. Hihihi ! Tu es rouge comme une tomate ? Tu . . . . , ou quoi ?

e. Tu . . . . fatigué : tu . . . . de prendre des vacances !

f. Non, j'. . . . . ! C'est tout ! Hier je me suis couché à minuit !

g. Là, je ne suis pas d'accord avec toi : je pense que tu . . . . de réagir comme ça !

h. Tu . . . . de t'asseoir un peu ?

i. Oui ! J'. . . . . au dos !

j. Si tu . . . . , enlève ta veste ou ouvre la fenêtre !

k. Tu . . . . : je vais enlever ma veste !

l. J'. . . . . qu'on ait fait une bêtise ! On a cassé ton appareil photo !

m. Et qu'est-ce que vous . . . . de faire, maintenant ?

n. On . . . . ! Un peu plus et c'était l'accident !

o. Oui, on peut dire que vous . . . . !

Mes mots

Le français d'ailleurs

5 À ton avis, que signifient les expressions suivantes ?

a. Je l'ai sonné pour lui dire que je suis bleue de lui ! (Belgique)
   1. Il m'énerve et je me suis fâchée avec lui ! / 2. Je l'ai appelé et lui ai dit que je l'aimais !
b. Ce palais, il est mystique ! (Rép. Démocratique du Congo)
   1. Elle est très belle cette maison ! / 2. Ce palais ressemble à un temple !
c. Faites seulement ! (Suisse)
   1. Ne faites rien ! / 2. Allez-y, je vous en prie !
d. Tu as mordu le carreau ? (Burkina Faso)
   1. Tu t'es trompé ? / 2. Tu as nettoyé les fenêtres ?
e. Quelle tablette de chocolat ! (Sénégal)
   1. Cette route est en très mauvais état ! / 2. C'est délicieux !
f. J'ai été déçu en bien ! (Suisse)
   1. J'ai bien aimé ! / 2. Ça ne m'a pas plu du tout !
g. Tu as eu ta dringuelle ? (Belgique)
   1. Tu as eu ton argent de poche ? / 2. Tu as ton examen ?

DERNIÈRE ESCALE AU QUÉBEC — Compréhension écrite

Document A **Voyage à travers l'histoire de la rime**

La rime, soit la répétition d'un ou plusieurs sons identiques en fin de vers, s'est développée au XIIIe siècle. Mais ce n'est que trois siècles plus tard qu'elle a été imposée et codifiée par un groupe d'écrivains, appelés les poètes de la Pléiade.

Le XVIIe siècle, le siècle classique, fournit à la poésie française des chefs-d'œuvre. Mais les règles établies deviennent trop rigides pour les poètes et deux cents ans plus tard, les poètes romantiques, Victor Hugo en tête, bousculent les lois établies. Le mot d'ordre devient alors de changer les règles concernant la rime : les poètes introduisent au milieu d'un poème un vers qui ne rime pas, ou ne respectent plus le nombre fixe de syllabes pour chaque vers… Le vers devient libre. Et c'est finalement au XXe siècle, que les poètes tels que Rimbaud, Prévert, Éluard… suivent la voie ouverte par les poètes du XIXe siècle et s'engagent dans la modernité : c'est la mort de la rime et la liberté totale de la poésie.

D'après la revue *Virgule*, n°14, décembre 2004.

Document B

<u>Types de rimes</u>
- la rime **pauvre** : un seul son se répète
  - → Ex : [o] : eau / mot
- la rime **suffisante** : deux sons se répètent
  - → Ex : [iʀ] : partir / finir
- la rime **riche** : au moins trois sons se répètent
  - → Ex : [kyl] : minuscule / véhicule
- la rime **léonine** : s'étend sur deux syllabes
  - → Ex : [ɑ̃se] : penser / danser

<u>Disposition des rimes</u>
- les rimes **plates** = a a, b b, c c
- les rimes **embrassées** = a b b a
- les rimes **croisées** = a b a b
- les rimes **mêlées** : Ex : a b a b / c c / d e d e

<u>Nombre de pieds et types de vers</u>
- 5 pieds pour les pentasyllabes
- 6 pieds pour les hexasyllabes
- 7 pieds pour les heptasyllabes
- 8 pieds pour les octosyllabes
- 10 pieds pour les décasyllabes
- 12 pieds pour les alexandrins

Document C

POUR FAIRE UN POÈME DADAÏSTE

Prenez un journal.

Prenez des ciseaux.

Choisissez dans ce journal un article ayant la longueur que vous comptez donner à votre poème.

Découpez l'article.

Découpez ensuite avec soin chacun des mots qui forment cet article et mettez-les dans un sac.

Agitez doucement.

Sortez ensuite chaque coupure l'une après l'autre.

Copiez consciencieusement dans l'ordre où elles ont quitté le sac.

Le poème vous ressemblera.

Et vous voilà un écrivain infiniment original et d'une sensibilité charmante, encore qu'incomprise du vulgaire.

Tristan Tzara, *Sept manifestes dada*, 1924.

1a Avant de lire les textes, trouve de quel type de documents il s'agit. Associe les lettres (A, B ou C) des documents.

a. des définitions → . . . . . .   b. un poème → . . . . . .   c. un article de revue → . . . . . .

1b Quelle est l'intention de chaque document ? Associe les lettres (A, B ou C) des documents.

a. faire passer un bon moment → . . . . . .   b. définir → . . . . . .   c. informer → . . . . . .

2 Sans lire le texte, dis quels mots et expressions vont, à ton avis, apparaître dans le document A ?

accident – bonheur – dans le futur – lune – moderne – mort – nombre de pieds – parapluie – poète – règles – rime – rouge – serpent – siècle – son – syllabes – vers – voiture

ESCALE 6

3 **Lis le texte du document A et réponds aux questions.**

a. Choisis la/les réponse(s) correcte(s). Le texte...

☐ parle des poètes qui ont marqué l'histoire de la poésie.

☐ décrit l'évolution de la rime au cours des siècles.

☐ explique ce qu'est une rime.

b. Associe un siècle à chaque titre.

1. apparition de la rime = ... siècle

2. codification de la rime = ... siècle

3. changements dans les lois de la rime = ... siècle

4. mort de la rime = ... siècle

c. Associe les mots suivants du texte à leurs définitions.

soit – codifier – fournir – bousculer – le mot d'ordre

a. changer, révolutionner : . . . .

b. établir des règles : . . . .

c. c'est-à-dire : . . . .

d. la règle : . . . .

e. donner, apporter : . . . .

4 **Lis le document B et le poème suivant et réponds aux questions.**

a. Retrouve le nom des types de rimes suivantes.

1. *sœur* et *douceur* ? [sœʀ] ➜

2. *ensemble* et *ressemble* ? [sãbl] ➜ . . . .

3. *loisir* et *mourir* ? [iʀ] ➜ . . . .

b. Quelle disposition de rimes apparaît dans ce poème ?

➜ . . . .

c. Quels types de vers apparaissent dans ce poème ?
(Attention, les *e* soulignés ne sont pas prononcés.)

➜ . . . .   ➜ . . . .

> ### L'invitation au voyage
> Mon enfant, ma sœur,
> Songe à la douceur
> D'aller là-bas vivr<u>e</u> ensembl<u>e</u>!
> Aimer à loisir,
> Aimer et mourir
> Au pays qui te ressembl<u>e</u>! [...]
>
> Charles Baudelaire, in *Les Fleurs du mal*.

Stratégies d'apprentissage

Es-tu un bon lecteur ?

Réfléchis à ce que tu as fait <u>avant de lire</u> les documents de la page 56.

1 **Pour répondre aux questions 1, 2 et 3, de quels éléments des textes t'es-tu aidé(e) ?**

☐ de leur titre ?   OUI / NON

☐ de leur présentation, de leur disposition sur la page ?   OUI / NON

☐ de leur source (Ex : « Tristan Tzara, *Sept manifestes dada*, 1924 ») ?   OUI / NON

☐ de leur intention : qui a écrit chaque texte ? pour quel type de lecteur ? pourquoi ?   OUI / NON

☐ . . . .

2 **Penses-tu que le fait de faire des hypothèses sur un texte, <u>avant de le lire</u>, peut t'aider à l'aborder plus facilement ? Pourquoi ?**

. . . .

. . . .

Production écrite

Sur une feuille séparée, suis les recommandations de Tristan Tzara et crée un poème dada.

DERNIÈRE ESCALE AU QUÉBEC

RÉVISE ta GRAMMAIRE

L'expression de l'antériorité, la simultanéité et la postériorité

1 Complète les phrases avec les mots suivants.

après – après qu' – avant de – avant qu' – il y a – lors

a. Nous avons appris beaucoup de choses intéressantes . . . . de notre visite au musée.

b. . . . . deux semaines, nous étions en Guyane.

c. On ira faire un tour en ville . . . . la visite du musée.

d. N'oubliez pas de prendre vos sacs . . . . sortir.

e. Rentrons vite . . . . il fasse nuit.

f. Le musée a fermé juste . . . . ils sont sortis.

2a Combien y a-t-il de sujets différents dans chaque phrase (un ou deux) ? Le verbe souligné est conjugué ou est à l'infinitif ? Observe et entoure la réponse correcte.

a. Je vais faire mes devoirs avant que **ma mère** m'<u>emmène</u> à l'entraînement.

– 1 sujet / 2 sujets différents　　　　　– verbe conjugué / verbe à l'infinitif

b. Je vais faire mes devoirs avant d'<u>aller</u> à l'entraînement.

– 1 sujet / 2 sujets différents　　　　　– verbe conjugué / verbe à l'infinitif

2b Complète la règle.

➜ Quand, dans la même phrase, les deux verbes ont le même sujet, le deuxième verbe

est . . . .

L'expression de la finalité

3 Choisis la/les bonne(s) proposition(s).

a. Je vais téléphoner au médecin *pour que je prenne / pour prendre* un rendez-vous.

b. Nous allons regarder le site internet *afin de savoir / afin que nous sachions* à quelle heure le musée ferme.

c. Le professeur a organisé une visite au musée *afin que les élèves connaissent / afin de connaître* la culture iroquoienne.

d. On devrait faire ces exercices *pour pouvoir / pour qu'on puisse / pour que je puisse* comprendre cette règle.

Les expressions avec *avoir*

4 Remplace les mots soulignés par une expression équivalente avec *avoir*.

a. Il <u>me semble</u> inquiet.

➜ Il . . . . inquiet.

b. Qu'est-ce que vous <u>pensez</u> faire maintenant ?

➜ Qu'est-ce que vous . . . . de faire maintenant ?

c. À cet examen, <u>il me faut</u> un 18/20 pour avoir la moyenne en maths !

➜ À cet examen, ... d'un 18/20 pour avoir la moyenne en maths !

d. Tu <u>veux</u> faire un tour en ville ?

➜ Tu . . . . de faire un tour en ville ?

e. Tu ne sais pas quoi faire ? Eh bien, à mon avis, tu <u>dois</u> lui faire tes excuses, <u>c'est la seule solution</u> !

➜ Tu ne sais pas quoi faire ? Eh bien, tu . . . . lui faire tes excuses !

Fais le point

ESCALE 6

Évalue tes connaissances et compte tes points !

1 Que dis-tu aux personnes suivantes pour t'excuser ?
Utilise des expressions différentes.

a. Tu viens de marcher sur le pied d'une dame dans le bus : . . . .

. . . .

b. Tu as oublié d'aller à la fête d'anniversaire d'un(e) ami(e) : . . . .

. . . .

c. Tu écris une lettre à un voisin car tu as cassé une de ses fenêtres en jouant au foot : . . . . . .

. . . .

d. Tu as perdu un CD que ton frère t'a prêté : . . . .

. . . .

1 point par phrase

/4

2 Complète les phrases suivantes avec *il y a, après (de/d', que/qu'), avant (de/d', que/qu')* ou *lors de/d'*.

a. La dernière fois que je suis allé(e) au cinéma, c'était

b. Je ferai mes exercices de français

c. Normalement, je regarde un peu la télé

d. J'ai fait du sport

2 points par phrase

/8

3 Complète avec une expression de la finalité différente dans chaque phrase
(*afin de/que/qu', dans le but de, pour (que/qu')*).

a. Je m'adresse à vous . . . . vous présenter mes excuses.

b. Je t'écris . . . . tu saches que je suis désolée.

c. Je lui ai envoyé une lettre . . . . lui demander pardon.

d. Je ne sais pas quoi faire . . . . il me pardonne !

1 point par phrase

/4

4 Complète chaque phrase avec une expression avec *avoir*.

a. Si tu ne veux pas arriver en retard tous les jours au collège, tu . . . . te
lever plus tôt !!

b. J' . . . . : en descendant du bus je suis tombée devant tout le monde !
J'étais rouge comme une tomate !

c. Vous . . . . : le train a cinq minutes de retard ! Sinon, il partait sans vous !

d. Moi, je pense que Pierre a raison ; tu . . . . de réagir comme ça !

1 point par phrase

/4

5 Compte tes points !

> **Résultats**
> <12/20 ☹ ► À revoir !
> Entre 13/20 et 16/20 ☺ ► Bien, mais observe tes erreurs !
> >17/20 ☺☺ ► Très bien !
> **Bravo ! Bon retour au port !**

total :

/20

Portfolio

Fais le point sur tes connaissances !

Maintenant, je sais...	Oui	Un peu	Non
• écrire une lettre d'excuses	☐	☐	☐
• exprimer l'antériorité, la simultanéité, la postériorité et la finalité	☐	☐	☐
• utiliser des expressions avec *avoir*	☐	☐	☐
• reconnaître des expressions québécoises	☐	☐	☐
Je connais...			
• une chanson de Lynda Lemay	☐	☐	☐
• le Québec	☐	☐	☐

Autoévaluation des escales 5 et 6

1 Transforme les phrases suivantes en hypothèses irréalisables. Attention aux temps !

a. Je ne peux pas aller chez toi. Je ne pourrais pas apporter ma Playstation.
  → *Si je pouvais aller chez toi, j'apporterais ma Playstation.*
b. On n'a pas eu le temps alors on n'a pas pu assister au tournage...
  → *Si on avait eu le temps,* ....
c. Il n'y avait pas de neige, donc je n'ai pas skié.
  → ....
d. Le musée n'est pas ouvert. Nous n'y passerons pas l'après-midi.
  → ....
e. Ils n'ont pas passé le casting. Ils n'ont pas eu le rôle.
  → ....
f. Il n'écrit pas de lettre d'excuse. Le directeur ne lui pardonne pas.
  → ....

2 points par phrase **/10**

2 Reformule chaque phrase en utilisant un adjectif.

a. On n'a vraiment pas l'habitude de voir ça ! → C'est vraiment inhabituel !
b. Il se peut qu'on assiste à un tournage de film. → C'est ....
c. Quelle est votre origine ? → Vous êtes .... d'où ?
d. Est-ce que vous aimez ce prof ? → Il est .... ?
e. Personne ne m'a cru quand j'ai raconté ce qu'il m'est arrivé ! → C'est .... !

1 point par adjectif **/4**

3 Ajoute le préfixe qui convient aux adjectifs pour dire le contraire.

a. Ce film commence avec une idée et finit avec l'idée contraire. C'est complètement illogique !
b. Il casse tout ce qu'il touche, il est vraiment ... adroit !
c. Certains visiteurs du bagne se sont moqués des anciens prisonniers, je trouve ça vraiment ... respectueux !
d. Ce tableau est l'œuvre d'un artiste ... connu du XIIe siècle.
e. Je reviens de chez le dentiste, c'était vraiment ... agréable !
f. Les scientifiques n'ont jamais vu ça, c'est totalement ... normal !
g. Plus personne n'habite dans ce village depuis 2004. Il est complètement ... peuplé.

1 point par phrase **/6**

60
soixante

4 Complète l'article avec les expressions suivantes.

il y a – avant de – avant que/qu' – lors de – ~~après~~ – après que/qu'

Nouveau film de Manon Botillard

Après deux années sans tourner de film, Manon Botillard revient sur les écrans avec un film qui devrait connaître un grand succès : *La Maladie d'amour*. C'est l'histoire de Clara, une jeune femme qui vit un moment difficile .... le docteur lui a annoncé qu'elle souffrait d'une maladie très grave.
.... Elle décide de partir visiter les lieux de ses rêves .... mourir, et rencontre .... son voyage un jeune homme dont elle tombe amoureuse. Il lui fera vivre les plus beaux moments de sa vie .... la maladie l'emporte. Un très beau film avec des acteurs pleins de courage et de sensibilité, tourné .... six mois dans des lieux paradisiaques, et que vous pourrez voir au cinéma mercredi prochain !

2 points par expression /10

5 Associe et complète chaque phrase avec une expression de but différente.

a. Nous nous sommes préparées tout le week-end
b. Nous avons téléphoné au voisin
c. Est-ce que tu as écrit au journal

1. .... répondre à l'annonce ?
2. .... nous excuser d'avoir cassé sa vitre.
3. .... participer au casting.

1 point par réponse /3

6 Choisis l'expression avec *avoir* qui convient et fais une phrase.

froid – ~~chaud~~ – envie – marre – raison – tort – faim – soif – de la chance – honte – peur – l'air

a. Nicklas est dans un sauna. ➜ *Il a chaud !*
b. Manu pense que la Guyane est au sud du Brésil. ➜ ....
c. Gabriel n'a pas mangé depuis 24 heures. ➜ ....
d. Benoît vient de trouver un billet de 50 euros ! ➜ ....
e. Juliette ne veut pas visiter le bagne. ➜ ....
f. Marie attend son copain depuis 30 minutes… ➜ ....
g. Vous semblez fatigué ? ➜ Vous ....
h. Mattéo pense être scénariste plus tard. ➜ .... d'être scénariste.

1 point par phrase /7

De 0 à 12/20 ▶ À revoir
De 13 à 16/20 ▶ C'est bien !
De 17 à 20/20 ▶ Excellent !

total : /40

/20

Corrigés des autoévaluations

Escales 0, 1 et 2   p. 24

1 escale - cap - équipage - vérifications - ancre - cabine - chouette - bagages - plein de - babouches - médina - boubou - brousse - truc

2 a. dont - **b.** qui - **c.** que - **d.** dont - **e.** où - **f.** dont - **g.** où

3 a. quelques - **b.** tous - **c.** toutes - **d.** d'autres - **e.** certaines - **f.** chaque - **g.** plusieurs

4 a. *Julie et Emma s'étaient perdues ; il avait dû* - **b.** *on était montés ; Étienne qui n'avait pas pu* - **c.** *j'avais pris ; je les avais mises* - **d.** *Marc nous avait prévenus ; il avait eu*

5 a3 (grâce) - b4 (donc) - c2 (alors) - d5 (à cause) - e1 (parce qu')

6 a. Le vent a détruit les cabanes de l'hôtel. - **b.** Les skieurs européens apprécient de plus en plus les stations de ski de l'Atlas. - **c.** Les agences de voyage françaises offriront des séjours au Sénégal à des prix intéressants. - **d.** Des scientifiques viennent d'étudier les cercles mégalithiques de Sénégambie. - **e.** Une association avait créé une nouvelle école dans ce village sénégalais. - **f.** On va publier un article sur l'équipe dans un journal local.

Escales 3 et 4   p. 42

1 a. *Un journaliste lui demande* si elle a eu beaucoup de difficultés pendant son voyage. - **b.** *Un journaliste lui dit* qu'il est journaliste au Mag'. *Il lui demande* de répondre à quelques questions. - **c.** *Un journaliste lui demande* ce qu'elle va faire maintenant. - **d.** *Un journaliste lui demande* comment elle se sent après sa traversée. - **e.** *Un journaliste lui dit* que tout le monde l'applaudit pour son exploit.

2 *Oui, il m'a dit que* <u>son voyage</u> s'était très bien passé, qu'<u>il avait fait</u> du VTT dans la montagne, et <u>qu'il avait adoré</u>, <u>qu'il espérait qu'il pourrait</u> recommencer l'année prochaine, <u>qu'ils étaient</u> maintenant sur le chemin du retour et <u>qu'il me téléphonerait ce soir</u>. *Il m'a demandé* <u>de t'embrasser pour lui</u>.

3 a6 (fermeture) - b1 (éruption) - c5 (départ) - d7 (commémoration) - e3 (organisation) - f4 (inauguration) - g2 (changement)

4 b. Découverte d'un nouveau médicament par un scientifique réunionnais. - **c.** Nomination aux Oscars de la célèbre actrice Sarah Carlson. - **d.** Construction d'une nouvelle salle de sport à Saint-Denis. - **e.** Réapparition d'un navire qu'on croyait perdu en mer. - **f.** Vente, hier, d'un très célèbre tableau de Gauguin.

5 a. *Il faut que tu aies* confiance en toi. - **b.** *Je ne crois pas que tu doives* faire attention à ce qu'elle dit. - **c.** *Il vaut mieux que tu ailles* consulter un médecin. - **d.** *Il est nécessaire que vous vous inscriviez* sur Internet. - **e.** *C'est très important que vous* vous expliquiez.

6 1. inscrivions - **2.** avons - **3.** fasse - **4.** soient - **5.** soyons - **6.** soyez - **7.** vouliez - **8.** prenne

Escales 5 et 6   p. 60

1 b. *Si on avait eu le temps*, on aurait pu assister au tournage. - **c.** S'il y avait eu de la neige, j'aurais pu skier. - **d.** Si le musée était ouvert, nous y passerions l'après-midi. - **e.** S'ils avaient passé le casting, ils auraient eu le rôle. - **f.** S'il écrivait une lettre d'excuse, le directeur lui pardonnerait.

2 b. possible - **c.** originaire - **d.** aimable - **e.** incroyable

3 b. maladroit - **c.** irrespectueux - **d.** inconnu - **e.** désagréable - **f.** anormal - **g.** dépeuplé

4 après que, avant de, lors de, avant que, il y a

5 a3 (dans le but / afin de / pour) - b2 (dans le but / afin de / pour) - c1 (dans le but / afin de / pour)

6 b. Il a tort - **c.** Elle a faim - **d.** Il a de la chance - **e.** Elle n'en a pas envie - **f.** Elle en a marre - **g.** Vous avez l'air fatigué - **h.** Il a l'intention d'être scénariste.

Achevé d'imprimer en Italie par Rotolto Lombarda
Dépôt légal : 10/2010 - Collection n° 30 - Edition n° 03
15/5464/1